. . . .

hommes et montagnes

Photos de couverture : © Jean-Michel Asselin

BP 177, 38008 Grenoble Cedex

ISBN : 2.7234.3184.3
Dépôt légal : février 2000

CHRONIQUES HIMALAYENNES

Du même auteur, chez le même éditeur:

Les parois du destin
Nil, sauve-toi!

Dans la même collection:

Bernard Amy, *Le meilleur grimpeur du monde*
Bernard Amy, *Le voyage à la cime*
Yves Ballu, *Les alpinistes*
Yves Ballu, *Naufrage au mont Blanc*
Odette Bernezat, *Hommes des montagnes du Hoggar*
Odette Bernezat, *Hommes et vallées du Haut-Atlas*
W.E. Bowman, *A l'assaut du Khili-Khili*
Roger Canac et Bernard Boyer, *Vivre ici en Oisans*
Roger Canac, *Réganel, ou la montagne à vaches*
Roger Canac, *Paysan sans terre*
Roger Canac, *Des cristaux et des hommes*
Marie Chalon, *L'arène blanche*
Bernard Germain, *Les Phasmes*
David Harris, *Des prises sous la neige*
Maurice Herzog, *Les grandes aventures de l'Himalaya,* tome 1 (Annapurna, Nanga Parbat, K2)
Maurice Herzog, *Les grandes aventures de l'Himalaya,* tome 2 (Everest, Cho Oyu, Dhaulagiri, Ogre)
Sir Edmund Hillary, *Un regard depuis le sommet*
Jean-Marie Jeudy, *Contes et nouvelles de l'envers*
Jean-Claude Legros, *Shimshal, par delà les montagnes*
Charles Maly, *Peau de chamois*
Passages, Anthologie des cahiers de l'alpinisme
Françoise Rey, *Crash au Mont-Blanc*
Françoise Rey, *Ötzi, la momie des glaciers*
Samivel et S. Norande, *Les grands cols des Alpes, Histoire et Aventures*
Samivel et S. Norande, *La grande ronde autour du Mont-Blanc*
Anne Sauvy, *Nadir*
Henri Sigayret, *Journal d'un sahib au Népal*
Joe Simpson, *La mort suspendue*
Joe Simpson, *Les esprits de l'eau et des montagnes*
Joe Simpson, *Encordé avec des ombres*
Joe Simpson, *Les éclats du silence*
Joe Simpson, *la face voilée*

Jean-Michel Asselin

CHRONIQUES HIMALAYENNES

Glénat

À celles et ceux de l'Himalaya,
à Tendi et ses frères,
à Patoune, et à la vie qui m'a tant donné

« Le sage arrive enfin au Néant et ensuite entre dans le Nirvana et les gens se sont étonnés de ce mot. Pour moi j'y trouve à l'idée de Néant ajoutée celle de jouissance ».

Paul Claudel, *Connaissance de l'Est*

Himalaya : le pays d'où l'on ne revient pas.
Je remercie la vie qui m'a conduit là où mes rêves d'enfants m'ont amené jadis. Ce n'étaient pas des lieux cernés par des frontières, je n'en connaissais ni la longitude, ni la langue, ni les mœurs, ni les paysages. J'en pressentais l'âme. Ce n'étaient que les territoires de l'imaginaire, ceux que la mémoire peut rappeler instantanément à la vie et qui constituent le plus sûr refuge de l'innocence.
Que ces lignes écrites dans la petite cuisine d'un appartement d'Allevard vous mènent à votre tour là où personne ne vous demandera des comptes, sinon la légèreté de la vie.

La route de l'orge

Aéroport de Lhassa, l'été d'août 1988. Le vent balaie le tarmac. La lumière du jour est telle qu'il faut se protéger, je marche en songeant au Pape qui embrasse avec une ferveur calculée la terre où il débarque. L'avion s'est tu. Des militaires en kaki, et des douaniers en costume noir, le visage fermé, s'activent près des bagages. Le passage de la frontière s'accompagne toujours d'un curieux sentiment de culpabilité. Ainsi je suis au Tibet. Depuis le hublot, j'avais aperçu le territoire mâché par les rivières en crue, des montagnes à hauteur de nuage, puis des collines jaunies, et des plaines vides de forêts.

Mon Tibet n'était pas encore celui des grands voyageurs. Je les avais lus avec négligence.

Mon Tibet n'était pas celui du Dalaï-Lama. J'avais gardé de lui un lot de photos, j'étais même en sa compagnie, chemise bleue à la népalaise. Il n'était pas encore courtisé. Dans une petite chambre d'hôtel à Digne, il répondait à mes questions, remuant ses doigts de pieds dans des tongues en plastique rose. Il s'exprimait à l'époque en tibétain, et des traducteurs jaloux se partageaient ses dires. Il riait souvent. Il m'expliquait que les Tibétains aiment bien les montagnes ; lui-même adorait pique-niquer dans les collines ensoleillées dominant Lhassa. Mes connaissances étaient sommaires. Je voulais ne pas trop savoir, même si dans l'avion j'avais pris quelques-uns de ces guides du voyage qui vous donnent le mode d'emploi d'un pays.

De tout cela je n'avais retenu qu'une seule chose, la photo d'une princesse tibétaine de Fausco Maraini. Elle se nommait Pema Chöki, portait un drôle de chapeau en fourrure de marmotte. Belle, elle souriait un peu comme la Joconde. C'est elle. C'est vers elle que j'allais.

Nous montons dans un bus. La tête nous tournait comme après la première cigarette du matin. Je suis silencieux, collé à la vitre. Je veux tout voir, tout comprendre. Lhassa est loin de l'aéroport. On longe un fleuve aux eaux boueuses. Des bouleaux poussent le long de la route, et peut-être des saules. Sur les portes des premières maisons des premiers villages sont cloués des crânes de yacks gravés de lettres colorées.

Nous ne roulons pas sur du macadam, nous roulons sur l'orge, un tapis d'orge et de blé. Des hommes, des femmes, des enfants se précipitent au-devant du bus, et étalent des gerbes jaunes. D'autres balaient les grains. Les camions militaires de l'envahisseur accomplissent eux aussi ce curieux travail. Derrière les maisons j'aperçois des places rondes que des attelages de yacks traversent en tous sens, dans un nuage de poussières dorées. Sur la rive des hommes s'activent autour d'une barque de cuir. Nous nous arrêtons près d'un marais inondé bordé de falaise brune. Devant un Bouddha immense gravé en rond de bosse, peint de couleurs vives, un paysan à la chevelure d'Indien, tresse noire méchée de laine rouge, tend des drapeaux de prières. "Par Dalaï-Lama." Tous demandent cela : une photo de Tenzing Gyatso. Sous l'œil indifférent du chauffeur chinois, je distribue les précieuses icônes. L'interprète me souffle qu'il faut être discret. Il arbore sur la poitrine un médaillon plastique : Sa "Sainteté" apparaît devant le Potala, auréolé d'un arc-en-ciel. Il prend la photo où je me tiens à côté de son dieu. Il me regarde, me demande d'ouvrir la bouche. Sur la photo on voit parfaitement qu'une de mes canines est brisée net. Oui c'est moi qui suis sur la photo. De sa poche, il tire un fil de coton jaune, qu'il attache à mon cou. "Yapo du". Il tend ses mains, les poings fermés, le pouce dressé : "Yapo du". J'entends le petit déclic des appareils photos de mes compagnons. Tout le monde s'approvisionne. Que deviendront ces visages demain ?

Les milliers d'images de visages d'enfants croisés au 125e de seconde, et dormant dans des albums feuilletés une fois l'an.

Les premiers soirs à Lhassa, j'ai quitté l'hôtel avec un mal de tête, épais. Je déambule vers le centre-ville. C'est l'heure des prières autour du temple du Jokhang. Des femmes ont lié le bas de leurs jupes avec une cordelette de cuir, et s'allongent sur le sol. Des élégantes ont posé leurs escarpins, elles prient, les mains jointes vers le ciel, puis s'étalent de tout leur long. Elles me sourient entre deux génuflexions. Je me suis assis le dos appuyé contre un pilier. J'écoute le glissement des corps sur la pierre, j'écoute les tissus qui se froissent, les roulis des prières marmonnées. Les fours à encens forment comme des bouches de locomotives ; le beurre, le genévrier entrent dans mes narines. Et cette odeur d'homme, de pieds sales, de sueurs. J'ai repéré une jeune femme, à la longue chevelure noire. Elle me fait signe. Je me lève, la rejoins, elle parle anglais, à la façon du Népal, presque aussi mal que moi. Parfait.

Qui es-tu ? Que fais-tu là ? Où vas-tu ? Chacun se dit, se raconte comme il peut, comme il veut. Si ton nom était Pema ? La photo est là dans ma tête, mais elle se nomme Nawang. Je suis à Lhassa, une princesse me parle. Du Tibet qu'elle a quitté, des longues marches dans la neige du Nangpa-La. Et son retour, chez elle, rééducation à l'appui. Nous marchons dans la foule, les vendeurs remballent leurs marchandises, Nawang m'aide à négocier quelques bougies, un chapeau de feutre gris. Nous nous retrouvons devant la vieille bâtisse du sixième Dalaï-Lama. C'est ici que le poète venait retrouver ses belles et célébrait son goût d'un amour charnel. Les clés de la sagesse ouvrent des serrures étranges. La courbe d'un sein peut servir de prière. Derrière un rideau de toile, où s'entrelacent les routes du nœud de l'éternité, il n'y a qu'un bar aux banquettes profondes. Des bougies, sur des tables basses, l'odeur un peu âcre de la bière. Nawang fait couler le liquide doré dans mon verre. Sa main gauche est posée sur ma jambe. Nous avons laissé nos chaussures à l'entrée. Nos pieds se mêlent. Sur les menus, sont calligraphiés des poèmes du sixième "Grand Précieux". Amour courtois. Baisers furtifs, robes malicieuses et échancrées. Elle sourit, Nawang. Je lui récite un poème de Baudelaire, *La Géante,* qu'elle ne comprendra jamais. Elle a pris mes pieds dans ses mains, elle les masse délicatement. Elle murmure en tibétain à mes oreilles. Je suis au Tibet à 3700 mètres d'altitude, là où l'on pose l'orge sous les roues du bus, dans les bras de Pema Chöki.

Ils coupèrent les fils de nos tentes

Nous avions monté nos tentes à côté d'une rivière bouillonnante. C'était notre première nuit, à l'entrée de cette vallée de Kartha, qui fut l'une des routes des expéditions britanniques vers l'Everest dans les années vingt. Peu de touristes choisissent d'aller dans ce coin méconnu de l'Himalaya. La route conduit à un col, le Lhakpa La, et depuis ce col à 6 000 mètres on découvre le bassin glaciaire qui mène au col nord de l'Everest. Cette vallée tibétaine marque l'entrée des sentiers nomades ; des vendeurs de sel, de farine, de peintures échappées de monastère circulent en permanence vers le Népal par des chemins qui les conduisent dans la région du Makalu. Le paysage est celui des collines, puis des montagnes où s'avance la langue des glaciers. Avant d'atteindre le refuge des grands pénitents de glace, la vallée sert d'abri à un village de paysans, dont les troupeaux vont paître plus haut sur les grandes prairies à l'herbe riche.

Des enfants sont arrivés en éclaireurs, tôt le matin, à l'heure où nous étions dans les rochers du torrent, se lavant des crasses du camion. Ils riaient de nous surprendre, le corps couvert de mousse, et chantant au soleil. Leurs premiers étrangers. Le chemin serpentait le long des rives ; à l'approche du village, il fallut s'asseoir près d'un groupe qui buvait le thé. On nous invita, par gestes, à prendre place et partager quelques vivres. Un homme détachait des morceaux de chair sombre d'une carcasse de chèvre et distribuait cette gâterie. La viande était cartonneuse, dure. Une jeune femme s'est approchée avec une bouilloire noircie. Elle a ramassé des brindilles que le foyer n'avait pas encore consommées, puis elle les a coincées dans le bec du récipient. Ensuite, elle nous a versé un jus laiteux dans des coupes de bois et nous avons bu. C'était légèrement tiède, un peu acide et sucré. Du tchang ? La juste concurrence à tous les antibiotiques intestinaux que nous prenions tous depuis des jours. J'ai appris de ce temps qu'il fallait vider son verre en entier pour qu'il ne soit pas rempli à nouveau. C'était la fête. Chacun parlait, riait, et les coupes circulaient de bouche en bouche, nous soûlant à coup sûr. Une brume s'était posée sur nous, humidifiant les visages. Avec la nuit ce fut comme une volée de moineaux. Chacun rentrait dans sa maison, cubes de pierre aux portes basses. Un des gaillards au visage de charbonnier nous proposa une pâture pour nos tentes. Dans l'obscurité nous installâmes les petits dômes colorés. Les sherpas à nos côtés étaient inquiets. Et si c'était un village de brigands dont on entend parler au Tibet ? Des femmes vinrent rôder autour des tentes. Elles ouvraient les fermetures à glissières, passaient leur visage dans l'échancrure de toile et nous regardaient nous installer dans les sacs de couchage. L'une d'elles montra la poitrine de ma compagne. Elle s'approcha jusqu'à ouvrir la chemise pour dégager ses seins. Puis elle entra pratiquement en entier dans la tente et sortit son sein, noir, seule autour du téton boursouflé une zone de peau claire, un gros abcès laissait perler du sang et du pus. Méticuleusement, avec de la bétadine, j'ai nettoyé l'abcès, puis j'ai étendu de la pommade.

Elle m'a remercié, a montré la brosse à cheveux. Je la lui ai donnée. Elle voulait aussi la lampe frontale. J'ai dit "Mindu". Parce que j'avais vaguement compris que ce mot sonnait comme un refus. Elle a répété "Mindu". Elle est sortie. Pendant la nuit nous entendîmes des chiens. Nous n'étions pas tranquilles. Nous étions entre leurs mains. Tous ces gens à côté pouvaient faire ce qu'ils voulaient. Nous étions simplement des êtres humains, nous avions juste cette qualité commune. Il n'y a que dans le monde des barbares que cela ne compte pas, que cela est bafoué. Voilà ce que je me disais dans cette vallée à 4200 mètres d'altitude, au mitan de la nuit, au chaud contre la peau douce de mon amie. À quelques mètres dans leur maison de pierres, ces gens d'un autre monde que le mien étaient semblables. Ils se touchaient, s'aimaient, parlaient du repas de demain, de la pluie qui contrariait les récoltes.

Au matin, je me suis levé au premier soleil, une poignée d'enfants couraient autour des tentes. Ils avaient coupé les fils qui nous amarraient à terre, et traînaient des pierres attachées par des cordelettes. Un sherpa est venu me voir : « Désolé Sahib, ils ont coupé les fils des tentes ! » J'ai pensé qu'ils en manquaient. Quand nous avons marché le matin un homme nous a suivi. « Il veut nous montrer le passage de la rivière. » C'était un petit pont, quelques troncs et des planches liées entre elles. Il nous a fait signe de la main. « C'est là. » Il s'est assis, a sorti des cordelettes blanches, des cordelettes de tentes, il a ri puis a renforcé sans plus se soucier l'attache du pont. Au-delà, c'était une vallée de pierres rondes. La neige est arrivée dans l'après-midi. Puis le lendemain. Nous marchions le visage baissé, le vent découvrait parfois des pics de pierre et de glace.

Nous étions trempés, nos sacs trop lourds. Vers 5000 mètres, un lac étalait ses glaces, à l'autre extrémité, des falaises de glace. Dans ces conditions, le passage du col nous était fermé. Dans la tempête nous avons essayé de forcer un chemin, mais en Himalaya, « on prend ce qu'on trouve et on dit merci ». Je n'ai plus, à des années de distance, le souvenir d'avoir vu l'Everest en montant sur une colline voisine. Nous avions des amis sur cette montagne. Ce ne devait pas être la fête pour eux. À cette heure précise, Michel mourait là-haut, quelque part dans sa tente. Je revins dans la soirée, dépité de notre échec. Ce col devant nous, que nous laissions, il devenait mon malaise, mon apprentissage du refus. “Mindu” le Lhakpa La. Mindu. Il nous a fallu deux jours pour redescendre. J'ai retrouvé l'homme du pont dans une pâture. Je m'approchai de lui pour le saluer, un chien noir s'est avancé vers moi en grondant. L'homme a levé sa fronde, l'a fait claquer comme un fouet et le chien s'est éloigné. J'ai pris place à ses côtés sans mot dire. Il m'a tendu la fronde en laine de yack, l'a glissée dans ma main. Puis il a repris sa quenouille et s'est remis à filer. Cette fronde de celui qui a coupé les fils de nos tentes est aujourd'hui dans les mains d'un berger des Alpes. J'ai pensé que ce serait l'outil idéal pour tenir les loups en respect. J'ai songé que d'un berger à l'autre le monde était semblable.

Les pénitents de Rongbuck

Le camion nous déposa au monastère de Rongbuck, à 5 300 mètres d'altitude. L'Everest nous faisait front. Dans cette plaine de pierres nous avions l'impression d'être au cœur d'un théâtre. Sur cette montagne posée sur sa scène de glace se jouaient des pièces dont nous rêvions d'être les héros. Elle était immense. Le monastère, dépecé par la révolution culturelle et par un tremblement de terre, se fondait dans le paysage. Des orties couraient au pied des murs où l'on distinguait les couleurs des anciennes fresques. Quelques moines vivaient là, dans la pénombre du temple. Sous la statue dorée de Maitreya, le Bouddha du futur, ils psalmodiaient, une coupe de thé salé dans la main. L'odeur de beurre rance imprégnait tout. Quelques pauvres tangkas rescapées des pillages composaient un décor de misère à peine éclairé par quelques bougies. La plupart des moines reniflaient, toussaient. Assis sur les bancs de prière, dans le froid, j'éprouve encore le sentiment de me tenir dans un grand corps. Les couleurs violentes des murs, les visages monstrueux de quelques divinités, le chant du mantras, qui vient de si loin des profondeurs de la voix. Que fait-on à ces endroits-là, au cœur de ce monde ? Il me suffit de franchir la porte et la lumière est là, omniprésente, omnipuissante. Le monastère se fond encore dans les pierres. Que gardent ses moines ? Depuis des siècles, l'épaule découverte, ils bougent devant Chomolungma, la déesse-mère, semblables au paysage, comme sculptés par lui.

Nous, nous venons de Kartha. Au camp de base j'espère trouver les amis. Ceux qui ont l'immense privilège de gravir la montagne. Je crois que j'en ressens de la jalousie. Je ne fais que me promener depuis des jours en ce Tibet et eux, ils sont au cœur du vrai drame. Là où tout doit se jouer. Du moins je le crois, je l'espère. On n'explique pas le désir de grimper une telle montagne. On s'en tire avec des pirouettes. On reprend les mots des pionniers, ceux de Mallory, « pourquoi monter sur les montagnes ? Parce qu'elles sont là ». On n'a rien d'autre à dire.

Le camp de base est une plaine, ouverte au sud. Des animaux y vivent. Étranges mouflons, marmottes coursées par les chiens, aigles fatigués par le froid, loups dont on entend le sourire la nuit. Chomolungma veille sur ce petit monde, où s'épuisent les himalayistes, les candidats du toit du monde. Il est tard dans la saison, il n'existe plus qu'une seule tente. Je me dirige vers elle, comme j'approchais tout à l'heure le monastère de Rongbuck. Même respect, même impression d'aller déranger des hommes qui me paraissent avoir franchi les portes de l'inaccessible. Dans la tente, un seul personnage, au milieu d'un fatras de matériel électronique, une grosse bouteille de jus d'orange trône sur une table de camping en formica bleue.

Des Français ? « Oui, on est français ! – Ça fait plaisir. » Le bonhomme, aux joues creusées, mal rasé, se met à parler sans reprendre son souffle. Tout le monde est parti. Lui attend là un camion pour le rapatrier avec tout son matériel de transmission. Il ne grimpe pas, il n'a jamais grimpé, les montagnes ne l'intéressent pas. Il est là, juste là pour dire au sponsor et au reste du monde les exploits des autres. Tous sont partis. Il attend. Tous sont partis, sauf un. À 18 heures, heure de la vacation-radio, il allume un poste, s'empare d'un micro et dit « Michel, ici camp de base, est-ce que tu m'entends ? » Trois fois il répète la phrase, puis laisse grésiller l'appareil. « Ça fait cinq jours, j'y crois plus ! mais pourquoi il n'est pas redescendu ? Doit être mort, et moi je suis obligé d'attendre, d'appeler... et merde ! » Le type est excédé, il en a marre de mal manger, mal boire, mal dormir. C'est la première et dernière fois qu'il vient suivre des himalayistes. Il l'affirme. Et Michel ? « Je ne sais pas, il a refusé de descendre quand tout le monde s'est tiré de cette putain de montagne, j'ai pas de nouvelles, il fait toujours mauvais... trop de vent, trop froid, vivement Katmandou ! » « La dernière fois que vous l'avez entendu ? » « Je ne sais plus, peut-être trois ou quatre jours, il m'a dit que c'était la tempête, il aurait dû descendre. » Et les autres ? « Ils pensent qu'il est mort, ils ont raison. Seulement moi, tant que ce foutu camion n'est pas là, je dois attendre, je dois l'attendre ! » Il reprend le micro. « Ici camp de base, tu m'entends ? » ça grésille... Je sors, je regarde la montagne, je prends des jumelles. Je cherche. Je sais que je ne verrai rien. Ce soir dans ma tente je dormirai peu. Pour la première fois je vivrai ce que le chapitre médical des guides de montagnes décrit comme "une gêne respiratoire". Je suis obligé de me dresser dans la tente, et j'essaie de respirer. Comme si ça ne voulait plus, comme si l'air manquait soudain. On a peur. Puis ça revient doucement, puis on se dit qu'on ne va pas mourir. Pas très loin des tentes il reste encore les débris noircis d'un bûcher funéraire. Un homme est mort là, un mois en arrière et ses amis ont appelé un moine pour les cérémonies, pour qu'il ne parte pas seul, mais sous l'œil d'un dieu, peu importe lequel. L'un d'eux, croisé à Katmandou, m'a raconté les funérailles, et ce crâne pareil à une coque de terre cuite, que le moine brise ; j'ai peur que vienne mon tour. Je sanglote dans ma tente. Ma compagne me prend dans ses bras. « Ça n'est rien. » Elle a raison, ça n'est jamais rien.

Au petit matin nous partions par un sommet voisin, belvédère de mince altitude pour se dresser plus haut face à l'Everest. Notre homme radio était devant sa tente. Il dansait presque ! « Je pars aujourd'hui. On vient me chercher. C'est fini. Vous allez sur la montagne ? Vous êtes fous ! »

On était fous. Avant, après, toujours. Il nous fallut deux jours pour atteindre notre petit sommet. À sept mille mètres. Pas de vrai nom, ou peut-être celui de Lhakpa Ri. Ça n'était ni facile ni compliqué. C'est là que j'ai appris l'Himalaya. Se lever dans la nuit, avoir très froid, envie de vomir et mettre un pied devant l'autre. Simplement. Et cette nuit-là, une étoile brillait exactement posée sur notre sommet. Et quand le jour s'est levé, l'Everest, en face, avait grandi, et nous ne pensions pas à Michel. Nous grimpions. À la descente, je courais joyeux, dire aux autres qu'on avait réussi. C'est fou comme j'étais joyeux. Je marchai, je volai plutôt, sur l'allée de pierre entre les grands pénitents de glace. Je n'avais que cette hâte de rentrer. De dire. En passant le long de ces fantômes, je n'imaginai pas que je reviendrai des dizaines de fois ici. Ce que je quittais n'était qu'un entracte. Au camp de base, elle était là, ma femme aimée. Sans fierté. J'avais réussi. Michel était mort. Il faudrait rentrer, et revenir pour se prouver sans cesse qu'on appartient à ce seul monde. J'étais perdu. J'avais trouvé ma déesse.

Petits hommes verts et thé salé

Le 7 août 1989 le Boeing Francfort-Katmandou atterrissait sur la nouvelle piste du nouvel aéroport de la capitale népalaise. J'emportais pour l'essentiel un paquet de dettes contractées pour payer une expédition à la face nord de l'Everest.

Combien étions-nous ? Plus de quarante ? Nous occupions deux étages du *Narayani Hotel* sur la route de Patan. Le premier soir fut simplement l'occasion de manger un mouton chez des amis. La viande sentait fort, et une pluie chaude nous confinait dans le salon où des larves de papillons rarissimes en provenance de Darjeeling achevaient leurs mues dans des bocaux de verre. À l'époque j'écoutai Souchon dans mon baladeur. Je fis, comme à l'accoutumée, quelques courses dans Thamel : deux foulards, une tarte aux pommes au *Old Vienna Inn*, et des cartes postales. Il s'écoula deux journées tièdes avant que le bus ne nous emmène sur la route de l'amitié pour franchir la frontière tibétaine. 115 kilomètres séparent Katmandou de la gorge, une des rares faiblesses dans la chaîne himalayenne. Un passage obligé. Les Chinois ont tant bien que mal construit une route un peu folle, à flanc de ravin. Des éboulements ravagent cet étrange chemin.

Au petit matin, j'avais pris mon dernier vrai petit déjeuner au *Windwood Hotel,* des championnes italiennes de squash roucoulaient dans la salle du restaurant. J'ai pris ça pour un bon signe. Au premier éboulement, j'ai su que c'en était pas un. Trois ou quatre fois il nous fallut changer de véhicule, transbahuter les sacs. À Kodari, ultime village niché à flanc de rivière (la Bote Kosi), plus aucun véhicule ne pouvait passer. Deux corps étaient allongés sous une bâche près du pont, "chute de pierre" commenta, laconique, mon ami Zambu. Un pont franchit la rivière, à l'autre extrémité, un bâtiment chinois aux faux airs de pagode déglinguée marque la frontière, et c'est 600 mètres plus haut qu'il faut aller chercher la ligne de démarcation officielle, la douane et la police, dans la ville au double nom "Kassa et Zangmu". Il est très difficile d'imaginer une telle cité. Les Chinois l'ont bâtie à même la pente, à la limite d'une jungle folle où s'ébattent des sangsues, des singes, quelques serpents furtifs. La végétation est serrée, toujours luisante de pluie, les bambous dominent la scène, et d'un coup on aperçoit le long d'une route boueuse des cubes de béton, maisons ébranlées, rongées par la mousse, qui semblent s'appuyer les unes contre les autres. Tout le matériel partait à dos d'hommes, des dizaines de porteurs s'égayaient dans cette jungle, et nous derrière, collés à leurs pieds, nous tentions de maîtriser l'*immaîtrisable.*

Passé la frontière il faut avancer sa montre de trois heures. Le Tibet vit à l'heure de Pékin, 4 500 km plus loin. Au poste de douane où nous nous tenons sagement en rang, nous avons à remplir des bulletins de santé aux questions pertinentes "avez-vous le sida ?"

L'hôtel à Kassa est obligatoire. Normal, les Chinois en imposent le prix : 70 dollars la nuit ! C'est dans cet hôtel que l'officier de liaison "Ma Shin Quoue" nous annonce que nous ne pourrons aller à Lhassa comme prévu. « L'armée contrôle la ville, car il faut protéger les Tibétains contre les séparatistes ! » Ces fameux Tibétains, nous les avons à peine aperçus. Juste des porteurs loqueteux, qui se font bousculer par les petits hommes en habits verts de l'armée, et qui arborent tous sur la poitrine le portrait du Dalaï-Lama.

Ce premier soir, nous irons traîner dans les bars louches, ça danse, ça boit, ça regarde des films pornos, et "Bruce Lee" est accroché sur les murs des bistrots. Je note dans mon carnet cette phrase écrite par un prédécesseur sur le mur humide de ma chambre :

« Partout je murmurerai ton nom
Partout je t'embrasserai
Je vois la lueur de l'amour dans tes yeux,
L'amour n'est guère plus qu'un au revoir. »
C'est mystérieux et ça me plaît.

Au matin, alors que j'attends dans le hall, un café à la main, il se passe une chose étrange, la table basse en verre, devant moi, casse. Elle casse, et je reste devant ces morceaux de verre, interloqué : c'est moi qui ai fait ça ? Panique à bord, des serveuses plutôt ascendant matrone, en pantalon noir à "patte d'eph" du dernier chic, me ceinturent quasiment ! En quelques minutes je suis conduit sous bonne escorte dans un sous-sol où se niche le bureau du directeur et de son staff. On doit m'expliquer pendant une heure que j'ai fait quelque chose de mal, vu la gravité des visages ; le directeur, en costume gris, tient un morceau de verre à la main, et brandit une calculette dans l'autre. Il a posé mon passeport sur son bureau. J'ai beau manifester avec force signes que je n'entends rien à la langue de l'empire du milieu. Rien n'y fait. On me montre un chiffre avec beaucoup de zéros, et l'inertie opérant son œuvre, un interprète est enfin convoqué. C'est simple. J'ai cassé une merveilleuse table en verre et on me demande de débourser illico presto l'équivalent de cinq mille de nos francs. Je rigole, et visiblement c'est une erreur. Les visages passablement crispés virent au vert olive. Il faut changer de stratégie ; je m'explique, me défends, l'interprète court derrière mes paroles. Ça détend l'atmosphère. Le "chief manager" sort une cigarette, m'en offre une, et contemple sa calculette, puis entre deux bouffées reprend son discours dans lequel revient comme une ponctuation le mot "faguo" et ça, je sais que ça veut dire "faguo égale français". L'interprète me traduit : « Il baisse le prix si tu fais ton autocritique ! » Je lui rétorque : « Combien ? » « Le directeur veut que tu payes sept cents yuans. » Je prends la calculette et frappe "300". L'homme au costume gris souris éructe encore trois mots et marque "350". « Si tu payes pas, tu ne pourras partir. » L'argument est de taille. Je fouille dans mes poches, extirpe quelques yuans, ajoute des dollars. Le compte est bon. Reste l'autocritique. Je m'installe posément sur un siège et me voilà racontant l'histoire du petit chaperon rouge. L'interprète panique, je lui dis : « T'inquiète pas, ça suffira. » Et je poursuis mon récit le visage grave, les yeux baissés, preuve de mon allégeance. J'atteins le sublime de la compassion à l'épisode de la "bobinette cherra". Ça a suffi. À leurs mines réjouies, j'ai vu que l'affaire était close. Serrage de mains, re-cigarettes et ciao les Chinois. Dehors un Tibétain bossu m'attendait, il possédait un gros thermos de thé salé, j'ai bu. J'étais libre. J'étais vraiment ailleurs.

La légende du Tumo

Il se passa fort peu de temps entre le cloaque de Kassa où toutes les pluies du monde s'étaient données rendez-vous et le village de Tingri où les nomades font sécher les carcasses de chèvre à l'air trop sec du Tibet. Combien de temps allais-je endurer ces maux de tête tenaces, accompagnés d'une somnolence qui m'angoissait ? Tingri était un gros village adossé à la pierre, une rivière sinuait à l'est, et des enfants jouaient à y pêcher. Plus près de la piste une rangée de maisons basses, plus ou moins neuves, occupées par des commerçants. Ce fut dans une de ces boutiques que je dénichais une pile de livres poussiéreux, un opuscule tout en chinois sur Gérard Philippe. Des photos en noir et blanc montraient l'acteur aux côtés du grand Mao Tsé-Toung. La Chinoise, au comptoir, n'avait jamais vendu un seul de ces ouvrages. Elle m'offrit un bonbon "White rabbit" pour cet achat inespéré.

Je n'ai plus de souvenir de cette première nuit à 4 470 mètres d'altitude. Je revois juste des chambres de béton, les lits en ferraille, et le matin ce petit déjeuner étrange : du pâté rose vif, des légumes trop pimentés pour être fréquentables et des cacahuètes à consommer avec un thé clair. Le ciel était uniformément bas, roulant de gros nuages. Nous avons suivi aux premières heures des troupeaux de vaches maigres que des femmes menaient aux pâturages. Les plus vieux du pays se tenaient au milieu des troupeaux avec des bassines en plastique et récoltaient les bouses toutes fraîches pour en former de grosses galettes qui viendraient sécher sur les murs : charbon de pauvre. Près de la rivière une Chinoise s'occupait d'une lessive géante. Elle frottait même ses escarpins de cuir avec une brosse savonneuse. J'ignorais tout du chemin à parcourir dans cette plaine où nulle montagne n'apparaissait. Notre Everest, pour lequel les uns et les autres nous avions trop sacrifié, n'avait pas le bon goût de se montrer. Des rideaux de grêle assombrissaient le paysage. Nous marchions, parapluie ouvert, laissant de côté des bourgades de maisons blanches. Quand nous croisions un groupe de nomades, nous nous amusions à négocier quelques verres de thé salé ou de tchang. Le 13 août nous avons atteint une zone de tourbière où paissaient un grand nombre de yacks. Je fus surpris par les moucherons qui laissaient des morsures rouges sur nos bras. Sur des collines voisines, la neige. Tsultim Lama, un Tibétain au sourire édenté, m'apprenait le nom des animaux : la marmotte, le loup, le pigeon, et souvent je m'exerçais avec lui à faire claquer le fouet de la fronde tibétaine. Nous campions en plein vent, et nous discutions le soir de la tendresse. Je ne sais plus lequel d'entre nous fit cette remarque qui me poursuit encore aujourd'hui : « Tous les gens qui ont fui des pays confortables pour des contrées hostiles sont des tendres. C'est parce qu'ils ne supportent pas le combat social qu'ils ont choisi de se coltiner à la nature. Ce sont des tendres qui vont à l'Everest. » Nous parlions peu de notre sommet. Sa proximité invisible interdisait de le nommer, de le décrire, de s'y voir. Je me souviens avoir découvert les "variations Goldberg" dont Philippe faisait grand cas dans la tente. Le dernier jour de ce trekking vers le camp de base nous permit de passer un col à 5 200 mètres. Je fis à cet endroit mes premières photos d'une fleur dont je rêvais depuis mes lectures de Sven Hedin : le pavot bleu. Le soir tombait, une trouée de ciel cobalt grossissait au-dessus de nos têtes. Et vers le sud, enfin, intensément blanc : l'Everest. Sa taille, à cause du lit de nuages à ses pieds, était tout bonnement monstrueuse. D'une année sur l'autre, j'avais oublié ses épaules massives, ses glaces luisantes, ses imprévisibles chevelures de vent. Nous avions monté quelques tentes au bord d'un torrent, et sous les pierres, des truites brunes fuyaient comme des serpents. J'ai regardé une des filles du team "Everest 89" se laver consciencieusement, presque assise dans l'eau claire et glacée.

Au soir, un vieil homme est venu en boitant près du campement, il a montré son mollet, tout gonflé, les dents d'un chien imprimées dans la chair. Ce n'est que le lendemain, un 15 août, à l'heure où la France se dore paisible au soleil d'une plage qui sent l'ambre solaire, que j'ai retrouvé le monastère de Rongbuck.

L'abbé avec qui j'avais bu le thé l'an dernier m'a reconnu, il possédait toujours ce petit portrait du Dalaï-Lama, debout près d'une voiture, que j'avais laissé au monastère. Je suis entré avec lui dans la salle de prière, et là, il a sorti un cordon de coton jaune des plis de sa robe, puis a tenu à l'attacher, serré, autour de mon cou. J'avais froid. Je tremblais. Je n'aimais pas encore ces lieux sombres où les bougies mêlent leurs lueurs aux dorures des statues. Je n'aimais pas certains regards du panthéon, les yeux exorbités de Guru Rimpoche, sa fine moustache noire, sa couronne compliquée. Rien, ni personne, ne m'atteignait. Les déités, couvertes d'écharpes sales, n'avaient rien à faire dans mon histoire. J'ai pourtant dormi là, sur un banc crasseux, la tête appuyée à des couvertures qui puaient le beurre ranci. J'étais seul, le reste de l'équipe, volée de moineaux, s'était égayé sur les champs pierreux du camp de base. J'étais seul, pour me concentrer, récupérer les forces anéanties dans l'aéroport de Roissy, à l'heure des adieux. Des jours et des jours m'attendaient, sans que j'en puisse voir le goût, ni l'issue.

L'échec, le sommet, la mort, la gloire ?... J'étais seul et je n'avais que cela devant moi : la peur de rentrer, la peur de ne pas rentrer. Et le froid insupportable du temple éteint dans la nuit. Un jeune homme m'a frappé légèrement à l'épaule. Un jeune moine au sourire dessiné. Il m'a tendu la coupe de bois, le thé fumant, et son odeur de bouillon. Il m'a pris la main. Peut-on prendre la main d'un alpiniste ? Dehors, l'aube, la lumière pâle, bleutée, et les cailloux du sol liés par les filets de glace. Le jeune moine portait dans son sac une couverture lourde, de laine rouge. Nous avons pris un sentier dans les orties, et nous sommes montés à flanc de ravin. Très vite, nous dominions les grandes étendues du camp de base. Je n'éprouvais aucune douleur, "Tumo" répétait le novice au crâne brillant. En quelques heures nous atteignions la bagatelle de 5 800 mètres. Sous d'énormes blocs, de petites anfractuosités avaient été aménagées avec des murets de pierre sèche, le sol était couvert de Tsa Tsa, ces petites statues de terre votives. Le vieil abbé attendait, assis, reposé, à l'entrée de l'une d'elles. Il déboucha un thermos coloré, m'offrit du thé, sans mots. Nous étions protégés du vent, juste devant le paysage d'un chaos rocheux. Dans la grotte les murs avaient été crépis, et peints, je pus apercevoir le graffiti laissé par quelque alpiniste indélicat "*Fuck the austrian people*". Le lama m'indiqua ma place, une grosse pierre, et de la tête me fit signe de regarder. Le jeune s'assit à quelques mètres de nous et se dévêtit jusqu'à la taille, le visage immobile. Le vieux prit un récipient, vida l'eau sur la couverture rouge, puis vint placer la cape dégoulinante sur les épaules nues. Il se rassit et le concert rauque des mantras s'éleva dans l'air glacial. Il se passa dix minutes, je vis alors la couverture dégager un brouillard léger. Elle fumait. Elle fumait. Une demiheure s'écoula, le novice s'ébroua, fit glisser la couverture, se leva, rajusta sa robe en souriant, et s'approcha de moi avec la couverture effrangée. Il me l'offrit. Elle était sèche et chaude.

"Tumo". Cela, je ne l'ai pas rêvé. Parfois j'aimerais.

Maurice n'ira jamais au sommet

C'est la mort qui réunit les alpinistes, plus sûrement que le sommet. À quelques pas de ma tente au camp de base, sur un tertre rocheux, se dressaient quelques pierres tombales, cimetière sans corps. Juste de petits monuments sur lesquels étaient gravés des noms : Peter Boardman, Joe Tasker, Marty Hoey. Le dernier nom m'intriguait plus que tous. J'avais vu un film sur cette jeune femme qui élevait des chevaux en Amérique. Devant son nom et la date de sa disparition sur la montagne, je voyais défiler les animaux dans un corral et elle, au milieu, avec ses longs cheveux bruns, qui semblait danser. Dieu que la conscience de la mort existait ! Parmi tous les alpinistes présents du camp de base, je ne pouvais encore deviner lequel ou laquelle rejoindrait la terre des morts. Ils furent trop nombreux.

La vie en altitude n'est qu'un long abandon. Ce matin du 16 août j'étais allé à la tente du médecin, Corinne, histoire de tester la bête. Le pouls était normal, j'avais laissé, en revanche, deux kilos de mauvaise graisse. De retour à mes appartements, je ramassais quelques fleurs bleues, genre bourrache. Petites étoiles d'azur que j'ai posées sur le chörten où brûlait l'encens.

J'hésitais encore à partir vers le camp de base avancé à 6400 mètres. J'hésitais parce qu'à la clé, il y aurait le cortège des maux de tête, des sommeils difficiles, entrecoupés de tous les cauchemars. Comme si la déesse-mère au-dessus de nos têtes distillait un poison très particulier, mi-chemin entre filtre d'amour et cyanure. Et puis, parce que cela ne peut être autrement, le 21 août j'ai découvert la dernière station avant la mise en orbite. Oui, ce 21 août, je baguenaude sur cette mince bande de rochers qui vient mourir dans les débris d'avalanche du col Nord, à 6400 mètres. Cette première nuit j'ai pris un somnifère léger. On ignorait à l'époque les conséquences de ce genre de médecine. Malgré la pilule magique et l'aspirine, je n'ai pas passé une très bonne nuit. Dans la tente-mess j'ai remis un paquet de lettres à des Espagnols qui partaient vers le bas. J'écris mes plans d'ascension dans mon carnet. Je voudrais mettre les pieds sur la déesse. Une bonne fois pour toutes. Une vraie bonne fois. Et revenir ici le 24 août. Tout cela s'est passé. Presque trop facilement. Il suffit d'un peu de ciel bleu, du grand soleil sur la neige. Tout devient accessible, possible. Le 24 à 16 heures, après une belle envolée jusqu'à 7000 mètres du col Nord, je m'asseyais au camp de base, épuisé, heureux comme il se doit. Légèrement euphorique et doté d'une prétention qui m'exaspère encore. Je pensais réellement que ce sommet, là-bas, ne pourrait me narguer longtemps. Je l'avais déjà dans la poche. J'oubliais que les Espagnols depuis trois semaines s'enlisaient dans des pentes surchargées par la mousson d'août. Je suis là avec mes compagnons, je frime, j'ai même vu un papillon au col, et puis là-haut : « Vous verrez, c'est tellement beau, c'est tellement proche ! » Je peux me laisser aller, boire tout mon saoul, plaisanter, une épreuve est derrière moi, les autres devant, trop loin. Enfin une bonne nuit, un réveil doux, la joie intacte, il me suffit de regarder cette trace qui monte vers le col. J'en reviens.

À quelques pas de ma tente, j'ai aperçu un tas de vêtements délavés par le soleil, on dirait des fagots de bois mélangés à des vieilles toiles. J'ai posé mon thermos de thé, et je suis allé voir. C'est curieux, je suis à peine surpris. Ce fouillis de toile et de morceaux de bois est, en réalité, un squelette. C'est un homme, là, à mes pieds, sur la neige, un chandail en lanière, des filins de chanvre, entremêlés dans ses os. D'instinct je devine que je suis devant Maurice Wilson. Aux vêtements, aux restes de tente, je sais que le cadavre ne date pas d'aujourd'hui. Je soulève un morceau d'omoplate, fouille un peu et trouve une mâchoire, avec un bridge où brillent deux dents en or. Oui j'ai trouvé ce vieux fou de Wilson ! Pas de mérite. Le bonhomme est mort en 1934 sur ces pentes, des Chinois l'ont exhumé par hasard en 1975, et posé dans une crevasse. Wilson a coulé avec le glacier, et ces pauvres efforts pour monter seul sur la montagne n'ont pas payé. Il est de nouveau, tout en bas, au pied de son désir, en morceaux d'os séchés, auxquels adhèrent les lambeaux de peau. Ce débris de mâchoire dans les mains je revois la photo de cet homme un peu gros, et très illuminé qui avait cru si fort en l'Everest. Il s'était acheté un avion, un "Gypsy Moth". Il avait appris à piloter pour atteindre la terre promise du Tibet. Il n'avait pas de crampons, pas d'expérience, mais il avait foi en Dieu, et il s'était persuadé qu'avec le jeûne, la prière, il viendrait à bout de Chomolungma. On dit qu'il est mort, dans les premières pentes. Délaissé par son sherpa qui le prenait pour un fou. On dit beaucoup sur lui, on dit même que son carnet intime, restitué aux Britanniques, écrit à même les flancs de l'Everest, comportait quelques passages classés X. J'éprouve une sympathie pour cette folie. Maurice est là dans mes mains.

Je n'ai aucun sentiment morbide. Il me semble même qu'il me salue, qu'il se sent bien 50 ans après son départ, tripatouillé par un alpiniste qui ne partage au fond qu'un rêve identique. Il eût été glorieux de rencontrer Irvine ou Mallory, les pionniers héroïques disparus en 1924 très haut sur l'arête sommitale. Ce vieux Wilson aux dents en or vient à ma rencontre comme une bonne blague. Il me rappelle que se tiennent en mon corps, le même squelette et sa mâchoire aux dents en porcelaine, que moi aussi je ne suis qu'un fou sur l'Everest. J'ai ri en appelant mon ami Olive à partager ma découverte. Ça a fait le tour du camp, très vite. Tout le monde est venu contempler Maurice. Et pourquoi ? Pourquoi certains d'entre nous ont-ils partagé cette idée folle qu'il serait bien d'offrir une autre chance de sommet à Maurice ? On n'en a pas discuté, c'était tacite, entendu. C'était l'amitié des vivants et du mort. J'ai pris un morceau d'os, je l'ai posé dans ma poche de veste duvet, et j'ai dit : « Maurice, si je vais là-haut, tout là-haut, je te déposerai à ta cime. T'inquiète pas ». D'autres ont agi de même. Il n'y a pas eu de sommet pour moi en 89, ni après, mais un beau jour d'hiver dans ma montagne du Dévoluy, sur mon sommet préféré, à la pauvre altitude de 2 793 mètres, assis dans la neige, dégustant une mandarine, j'ai fouillé par hasard la poche de ma veste pour chercher ma boîte d'allumettes. Wilson était là. Fidèle au poste, au chaud de ma doudoune, juste oublié. Je l'ai posé sur mon sommet. Ne partageons-nous pas ce même désir ? Ainsi Maurice Wilson, décédé sur le flanc nord de l'Everest, veille désormais, aussi, sur la tour de guet calcaire de l'Obiou. C'est mon ami.

Pic des droits de l'homme
Poker menteur

Le 23 septembre, la nuit passée à 7000 mètres dans la tente du col Nord tint plus de la routine qu'autre chose. 7000 mètres c'est haut, mais après 45 jours sur la montagne, ça n'était qu'une marche basse sur l'escalier du ciel. Nous étions montés sous la neige, et il fallut creuser pour trouver les tentes. Toute peur m'avait quitté. À force de maigrir, de cracher, de brûler sur ces pentes, j'avais acquis le sentiment trompeur de les maîtriser.

Le 25 je passais pour la première fois la barre des 8000 mètres. Un enlisement de plus. Une plaque à vent nous interdisait la suite. Au col Nord, puisqu'on était un 25, Pierre, le Corse, nous avait chanté en pleine nuit des chansons de Noël. Dans la tente je lisais des nouvelles *Les vitamines du bonheur*. J'avais perdu près de dix kilos et je m'amusais à inventer de nouveaux stages d'amaigrissement sur le concept : un mois de camp de base et nourriture à volonté, pas de footing, pas de privations. Juste des maux de tête, enfin une idée qui peut rapporter. L'Everest m'avait financièrement pulvérisé. Mais toutes et tous étaient dans le même cas. Les alpinistes les plus connus possédaient quelques sponsors, mais tous avaient tapé dans leurs économies, empruntées à une grand-mère ou sacrifié leur voiture, leur chaîne hi-fi. Que sais-je ? Après cette tentative, je redescendis au camp de base, le vrai, sur le plancher des vaches, à 5 400 mètres ! Là où les marmottes sifflent au soleil du matin, où des herbes dégagent une odeur d'été.

Le 30 septembre je remontais au camp de base avancé. En parcourant ce chemin je savais que je m'offrais une dernière chance. L'obsession du sommet était désastreuse. Nous nous surveillions les uns les autres, tentant de déceler dans les visages lequel d'entre nous aurait la chance du sommet. Toutes les discussions portaient sur des stratégies : j'attends un jour de plus, j'atteins directement le camp trois, je prends de l'oxygène, je monte un sac de couchage. C'était du chacun pour soi, sachant qu'il n'y aurait pas de sommet pour tous. Des sous-groupes s'étaient constitués, affinité, intérêt commun, plus quelques passions érotiques. Il m'arriva une fois de faire l'amour très haut du monde. Les mêmes gestes, la même fièvre, le même bonheur. Malgré le corps crasseux, se toucher réduisait l'angoisse à néant. Le plus souvent nous écrivions, engoncés dans nos duvets, sans ôter nos gants, je voyais des petits carnets se remplir tout autour. Le 2 octobre je me retrouvais au camp III, à 7 800 mètres d'altitude. C'était une banquette de neige en pleine pente, de deux mètres de large, avec vue panoramique garantie. Il y a belle lurette que l'on traitait par le mépris tout risque d'avalanche. Et pourtant. Cette nuit du 2 au 3 octobre fut redoutable. Je ne pouvais concevoir de revenir en ces lieux. Ma dernière nuit. Ma dernière nuit, sans sac de couchage, étendu à même le tapis de sol, où gelaient des poches de glace sale. Combien de gamelles de thé, de soupes renversées dans cette tente ? J'étais là, dans le noir, pour économiser la frontale ; nous avions, avec ma compagne de tente, un bocal de plastique pour uriner.

Un seul bocal. Ne pas confondre avec le récipient pour le thé. Elle avait froid aux pieds, je les ai massés dans la nuit, puis j'ai enfilé des moufles sur ces pieds, et nous nous sommes serrés l'un contre l'autre. Les frissons de son corps me touchaient, m'émouvaient, suscitaient en moi des instincts maternels. Elle était cependant plus forte que moi.

En pleine nuit, je me suis levé, j'ai bu et je suis sorti ; le vent glissait des pentes supérieures, j'avais mal dans tous mes muscles mais dans ma tête c'était l'urgence. Partir vers le haut. En finir une bonne fois pour toutes. J'ai convaincu Bruno. Je l'ai attendu, devant la tente, accroupi, pour garder un peu de chaleur. Nous sommes partis avant l'aube, un appareil photo en bandoulière. Pas un mot entre nous. Nous avancions sur les pentes à la recherche du soleil. Parfois je me retournais, je regardais Bruno, un petit signe d'encouragement et "avance". L'objectif c'était une bosse de neige et de rocher, sur l'arête nord ! Le pointement n'avait jamais été gravi, il était à l'écart de la voie normale qui mène au sommet de Chomolungma. Un ersatz de cime, un sommet au rabais, à 8 400 mètres. On méritait au moins ça. À l'Everest, on ne mérite rien. Nous montions, pilotage automatique. Même pas la force de compter les pas, même pas la force de s'arrêter. Et puis ce fut une illumination. D'un coup, dans la gloire du jour, l'immense étendue du paysage. Les glaciers, les déserts, la montagne au loin, les vallées encore assoupies dans la nuit. J'en pleurais. Je pleurais de cette beauté offerte. Jamais, je le jure, je n'avais éprouvé cela. Contempler le monde, à bout de souffle. J'étais littéralement envahi par la beauté et la bonté du monde. J'ai vu le vent et les nuages arriver. Nous nous étions arrêtés près d'un bloc rocheux, à quelques mètres de notre pic ; nous étions rendus. Nous nous étions rendus. Ce pic, Bruno, nous le voulions le “Pic des droits de l’homme”. Les droits qui consistent à croire que rien, ni personne, ne peut nous enchaîner. Restaient les devoirs de l’homme. Trois photos et puis s’en va. Jamais, de notre vie, nous ne foulerions une nouvelle fois cet endroit qui nous enracinait pour toujours.

Nous sommes redescendus. Nous avons fui. Et je n’avais que cette peur : que les autres atteignent le sommet. J’en avais peur ; oui, très peur. J’aurais perdu mon lieu sacré. Je ne sais plus ce qui se passa dans la réalité. Au camp de base, Bruno et celle dont je tairais le nom (on ne peut la déranger aujourd’hui), nous avions négocié avec les Chinois une jeep pour fuir au plus vite.

Le 14 octobre, nous avions rejoint la jungle de Kodari, à la frontière népalaise. Dans le monde des vallées. Là où les odeurs réveillées s’exhalent des corps, des pierres et des forêts. Nous buvions des bières, nous mangions comme des ogres. Nous étions saoulés d’oxygène. J’avais insisté pour que nous couchions dans une petite maison *Mustang lodge*. Nous n’avions aucun moyen de rejoindre Katmandou. C’était la fête de Dasain, et la journée du 16 octobre célébrait “les véhicules”. Il était malséant de rouler en voiture, en bus. Des brahmanes accomplissaient des rites, arrosant du sang d’un animal égorgé tout ce qui roule, du vélo au Boeing. Notre fébrilité à rejoindre la capitale népalaise tenait de l’hystérie. Les retours d’expédition possèdent une urgence inadmissible. Dans la pièce commune où nous mangions, Bruno se lança dans une partie de poker pour gagner une voiture et le droit d’aller à Katmandou. Un jeune homme qui parlait un anglais parfait se mêla à la partie. Habillé en treillis, un bandeau dans les cheveux, il ne ressemblait guère à l’instituteur qu’il était pourtant. Parfois, du coin de l’œil, je pouvais le surprendre à fixer un poster de Rambo, devant lequel, comme s'il s'agissait d'un miroir, il replaçait ses cheveux. Quand nous échangeâmes nos prénoms, il affirma qu'il se nommait Sylvester. Bruno avançait dans sa partie, dosant les rires et les coups de gueule. La chambre du haut possédait un lit, un vrai lit. Avec de vraies couvertures et de vraies puces. Il faisait chaud. Chaud. Nous avions oublié.

Mon amie s'est déshabillée à la lueur des bougies ; nue, elle sentait bon. Elle se tint face à moi, Dieu qu'elle était belle. La rivière grondait, pareille à un avion. Elle dit, cette nuit-là, à Kodari, « voici la nuit des droits des femmes ».

Les papiers de la mort

Au Tibet, on a forcément affaire à des officiers de l'armée. Ces hommes, au passé militaire, ne sont pas forcément des Han. On trouve des Mongols, des Tibétains, dont l'allégeance ne fait aucun doute. Ces hommes travaillent au rythme des saisons d'expédition. Ils s'installent dans des endroits "confortables" du camp de base, posent de grosses tentes sur lesquelles flotte de temps à autre le drapeau chinois. Leur autorité est sans faille. Ils s'entourent d'une palette de larbins, traducteurs, aide de camp, chauffeur, cuisinier. Ce sont des seigneurs de la guerre sans champ de bataille. Avec leurs tentes, leurs jeeps et leurs yacks, ils amènent de quoi vivre dans un "certain confort", les caisses de bière servent de chaises pour déguster les œufs de cent ans, suprême délice. Des viandes sèchent, suspendues au piquet de la tente. Ces hommes s'ennuient, quand les expéditions s'accrochent à la montagne, il ne leur reste qu'à fumer, boire, lire des revues de midinettes, ou contempler des beautés asiatiques qui dévoilent un sein, une courbe de fesse. Il m'est souvent arrivé de m'attarder avec un patron de l'altitude, un mister Ma, Li, ou Guo. J'ai cédé à l'inévitable petit racket qu'ils contrôlent, histoire de marquer le territoire. J'ai beaucoup appris auprès d'eux : la diplomatie, l'ennui, la cuisine de "base camp". Ils se font une spécialité de récolter les plantes médicinales qui fleurissent au pied des montagnes. C'est comme ça que j'ai découvert la Saussurée qu'ils appellent le Lotus des neiges et qui soigne les rhumatismes. Nous avons eu des discussions surréalistes à plus de 5 000 mètres ; ainsi à l'Everest je me vois tenir une longue conversation sur le problème des accidents de voiture en France. Mister Ma avait entendu un reportage à ce sujet ; dans ce Tibet où l'on roule à 40 kilomètres à l'heure où, sur les pistes, on croise une dizaine d'autres véhicules par jour, Mister Ma ne pouvait apprécier tous ces morts, victimes d'un week-end sur la route. Les morts c'étaient les alpinistes, parfois les Tibétains qu'il employait. Les morts ça n'était rien, juste un problème administratif, la rédaction obligée d'un document. Les papiers de la mort.

À l'hôtel *Narayani*, dans Katmandou, au petit déjeuner, j'avais moi aussi écrit les papiers de la mort. J'avais signé ce document « en cas de décès, j'accepte que mon corps soit traité selon les usages locaux ». Plus tard sur un document népalais, au camp de base de l'Everest, j'ai lu dans le petit guide du bon usage des ordures au camp de base : « On doit brûler sur place toutes les matières combustibles ». Suivait une énumération des dites matières, et dans la liste cette collision terrible : cartons, papiers toilette, cadavres...

Les dialogues de Pheriche

Je ne pense pas que les voisins du pavillon de Saint-Cloud où nous nous trouvions cette fin d'été 1990 aient déjà vu un événement pareil. Des tentes-dômes sur la pelouse. Et puis une joyeuse assemblée déballant des cartons des tenues de cosmonautes : combinaisons en duvet jaune vif sur lesquelles était cousu l'emblème de l'expédition, un buste de femme nue.

Je dois dire que j'ignore toujours les tenants de cette aventure. Un homme, financier comblé, résident à Saint-Cloud, offrait à une poignée d'alpinistes une expédition à l'Everest. Il payait tout. Il payait même la création d'un film. Je ne l'ai vu qu'une seule fois dans ma vie, avec son épouse aux jambes de déesse, et sa voiture dont il me semble qu'elle ressemblait à une Jaguar.

Nous avions les meilleurs équipements, les meilleurs avions, le meilleur hôtel, la meilleure agence, les meilleurs sherpas. Et dans cette équipée d'hommes, nous avions une femme, dont le buste avait servi de modèle pour la Marianne étêtée de notre "logo".

Nous avions par là même, un chef d'expédition, à qui nous devions la bagatelle d'avoir été choisis Au royaume des élus : respect et obéissance.

Les premiers jours, sur les sentiers si touristiques qui mènent à l'Everest dans la vallée de Khumbu, j'ignorais encore ma place et mon rôle. J'étais certes l'ami. Mais ça n'était pas suffisant. Nous tournions régulièrement des images, le long des ravins où les yacks se promènent sur fond de forêts, lesquelles semblent être le socle de gros diamants de neige. Je passais mon temps avec les sherpas et les sherpanis que je connaissais, nous avions cette chance qu'il fasse encore doux et que la mousson ne fût qu'un mauvais souvenir. Notre couple, nommons-les “Shiva et Shakti”, avait un comportement étonnant. Les filmer inversait la proposition habituelle des alpinistes en quête de l'Everest. La vedette traditionnelle de tous ces films où le vent est violent, la tempête terrible, les paysages somptueux et les autochtones rudes mais ô combien sympathiques, est systématiquement cette montagne sur laquelle les gens s'épuisent ou deviennent des héros. On ne raconte rien. On dit en substance : il existe une montagne ; elle est haute, c'est dur d'atteindre la cime, les héros sont formidables et fatigués à la descente. On ne dit pas, et on ne cherche pas à dévoiler l'histoire de cette lutte. Qui sont-ils ? Pourquoi ? On édulcore tout ; dans les documentaires spécialisés, on ne voit que des gens dont le seul souci est le sommet, la seule passion la montagne et la seule raison d'être grimpeur.

Shiva et Shakti avaient au moins ce formidable culot de se moquer à juste titre de tout cela et d'utiliser toute cette histoire, pour se dire “je t'aime”. Shiva construisait en réalité une aventure invraisemblable, risquée, folle, pour l'éprouvant besoin de dire son amour à sa Shakti. C'est vrai que dans la vie, on fait souvent plus simple, plus économique. Mais cette folie, pour rien au monde, je ne l'aurais ratée.

« Chérie, je t'offre une expé à l'Everest. »

Nous étions là, petite troupe zélée, préparant le chemin à notre couple divin.

Je voyais chaque jour les sanglots de l'altitude marquer les visages, casser les comportements trop bien installés. Le huitième jour de marche, notre équipée franchit le col à près de 4 800 mètres, qui débouche sur la plaine sévère de Pheriche. Pheriche, c'est vingt ou trente maisons au bord d'une rivière, coincées entre deux barrières de montagne. Un paysage de pierre, un paysage de vent, de brumes basses et souvent le froid incommodant, humide. À 4 200 mètres, ce n'est pas un lieu de villégiature. Plutôt un poste avancé sur la ligne du front de l'Everest. Alpinistes et trekkers, pour des raisons d'acclimatement, séjournent souvent deux nuits dans des lodges dont le confort se résume à un poêle dans la pièce principale. À Pheriche on se découvre des vrais maux de tête, de vrais désordres gastriques et intestinaux. C'est l'altitude-test, et pour certains, le terminus de l'aventure. À côté de Shiva et Shakti, plus ou moins couchés sur les tapis des banquettes, j'ai compris ce jour-là mon rôle. Je lisais et relisais le scénario et je sus que j'allais devoir écrire. Ici même, les mains glacées, entre deux thés au lait fumant, et l'odeur des pommes de terre qui cuisent avec leur peau. J'ai pris mon carnet, j'ai laissé sourdre les mots qui venaient et me clouaient tantôt dans l'homme tantôt dans la femme. J'écrivais de l'amour. Rien que de l'amour. Ils étaient venus s'éprouver, se mesurer à l'aune de la déesse-mère. Ils étaient venus se dire « on est plus forts que la mort ». J'ai écrit. Ma pensée prenait Shakti dans ses bras, la léchait, mes mains, sans bouger, mesuraient la douceur de tous ses pleins et ses déliés.

J'ai donné mes dialogues. Je leur ai dit : « Lisez à voix haute. Parlez-vous par ces mots. » Ils en ont pleuré. Cette fois c'est moi qui étais en danger, et en manque.

J'ai couru à la rivière, le brouillard m'effaçait de toute vie. Je me suis avoué que c'en était fini du sommet, avant même d'avoir commencé. Nous n'étions pas là pour la déesse. Nous avions à imaginer un couple humain. L'improbable.

Mon premier col Sud

Le camp de base de l'Everest, dans sa version népalaise, n'a rien du spectaculaire que promet celui du versant tibétain. Des dernières maisons, les bergeries de Gorak Shep, on traverse le glacier, et on progresse sur un sol curieusement élaboré : des croûtes de glaces scintillantes, des pierres de toutes tailles, de toutes couleurs. On monte, on descend dans les vagues figées de la glace, on franchit des torrents, des crevasses et pour s'y retrouver, il existe un système infaillible : suivre les bouses des yacks qui nous ont précédés. En face de la cascade de glace, ce mur de verre brisé haut de quelque 500 mètres, c'est là. Le sol est torturé, la glace supporte et traîne des chariots de pierres arrachées à la montagne. De l'Everest on ne voit presque rien. Son épaule ouest, si massive, bouche la vue. Le soleil pénètre tard le matin, et s'éclipse trop tôt en soirée. Les expéditions se regroupent chacune autour de leur tente-mess, de la tente-cuisine, de leur chörten d'où s'échappent les calicots des drapeaux de prière. Pour camper ici à 5 300 mètres d'altitude, il faut d'abord aménager une place pour la tente, terrasser la glace, bâtir un muret de pierres, bien s'orienter pour ne pas subir le vent. Ceux qui sont en amont du glacier prennent le risque d'être balayés par des avalanches en provenance du Lho la, ceux qui sont en aval récupèrent une eau qui charrie les ordures de l'amont.

Des chiens, des grands corbeaux querelleurs veillent sur tout ce petit monde. C'est l'endroit d'où l'on part, sans absolue certitude de retour, c'est l'endroit où l'on revient pour se régénérer entre deux batailles en altitude.

Je marchais ce 17 septembre de pleine lune, avec Michel et Manu, en pensant très exactement à ma tente 1 400 mètres plus bas. Je marchais dans la neige froide, cassante, l'esprit obsédé par une lettre qui devait m'arriver, par l'idée de la lire, d'y trouver un bonheur physique. Oui elle devait me permettre, si je cherche bien, de sentir ses doigts, et qu'ils me caressent jusqu'à jouir, dans l'espace confiné de mon sac de couchage dont la plume sentait la basse-cour. C'était une marche silencieuse. De celle où l'on s'est plongé dans son souffle, ses pensées, où l'on se rythme en chantonnant à l'intérieur de sa tête des chansons lancinantes. Je respirais la bouche grande ouverte. Un foulard couvrait ma tête, j'avais parfois trop chaud, puis froid. Je n'identifiais pas les distances. Je regardais plus haut, un point dans la neige, je me disais « je vais là avant de m'arrêter ». Il me fallait trois ou quatre étapes pour atteindre l'endroit espéré. Le col Sud nous tendait les bras, mais il n'est pas sûr que nos pas nous en rapprochaient. La meilleure position consistait à se laisser tomber sur son piolet, puis courbé, se laisser aller, presque accepter de s'endormir debout, et suivre la pente à 7 700 mètres d'altitude. Combien de mots échangés depuis ce matin ? Trois fois rien. De temps à autre poser le sac à dos, sortir une bouteille thermos, dévisser le bouchon, boire, la tendre à l'autre, s'inquiéter du temps, de l'heure.

Je crois qu'il devait être 15 heures quand je vis avec certitude le col Sud. Une légère descente conduisait à un endroit plat, des arceaux de tentes en lambeaux, comme un champ de bataille. Des culots de vieilles bouteilles d'oxygène sortaient de la neige. Le vent se leva d'un coup, si violent qu'il fallut boucler la capuche au plus près du visage. Nous ne pouvions nous parler, sauf à se tenir côte à côte, serrés, comme dans une file d'attente. Je pris le premier sac déposé la veille. Il contenait une tente, nous n'avions que peu de temps pour la monter. Nos gestes étaient ralentis, et à 7980 mètres, j'avais la tête vide, comme prise de vertige. Surtout j'éprouvais une immense difficulté à être totalement présent. Il me semblait que cette scène, je la contemplais de loin, d'un autre lieu, qu'elle ne me concernait que du bout des doigts. Je devais manier les cordelettes des sacs avec mes moufles. Enlever ses gants, à cet endroit, tenait de la folie. J'avais vu les doigts d'un cameraman geler, le temps qu'il filme à mains nues deux ou trois minutes. Plus curieux encore, mon champ de vision n'était pas précis. Je voyais sans voir. Je sentais le paysage, cette montagne au-dessus de ma tête, et puis là à mes pieds la combe ouest, le Népal. Je savais ce paysage parce qu'aujourd'hui j'en regarde toutes mes photos. Mais ce jour du 17 septembre 1990, les formidables visions de l'horizon himalayen parvenaient pulvérisées dans mon cerveau. Par quel miracle la tente fut-elle montée ? Nous avions même réussi à dégager des cubes de neige pour fabriquer un vague muret contre le vent. Nous sommes entrés dans la tente, je ressens encore cette sensation de m'écrouler tant bien que mal et d'éprouver de la colère à l'idée de s'être mis dans cette galère. Je ne sais pas exactement ce que c'est que de survivre, mais peut-être cette nuit-là ai-je compris que ça demandait une force que l'on puisait d'abord dans le refus de la situation. Cette première nuit, nous la passâmes assis, énervés à l'idée de faire fondre la neige, de boire une soupe, de changer de positions. « On ne ressemble à rien. » J'ai dû entendre ces mots des dizaines de fois en Himalaya. Ce ne sont pas que des mots. On perd, à ces endroits, l'insouciance de l'enfance. On répète simplement la dernière bataille. Celle où il faut fermer les yeux pour enfin apercevoir le néant. Quand j'ai vu mon père mort, ses yeux calmes, j'ai vu mes nuits à 8 000. Mes onze nuits de décès.

Le mal de la cascade

Le monastère de Thyangboche, posé sur une selle herbeuse, bordée de grands pins de l'Himalaya où viennent se poser des vautours indolents, a bien changé. Dix ans en arrière, c'était un vieux temple, aux tangkas noircies. À son pied, des maisons délabrées accueillaient le paysage. Des moines et des nonnes s'affairaient dans des cuisines douteuses qui sentaient bon les pommes de terre bouillies. Les Américains ont apporté l'électricité en ce lieu saint découvert par un lama tibétain dont l'empreinte de pied subsiste dans le granit. Il avait survolé l'Himalaya avec ses plumes mystiques, et là, face à l'Everest qui rougeoie chaque soir, il édifia ce monastère. L'électricité fit son œuvre, elle enflamma les 108 volumes du Kangyur, et le temple partit en fumée dans les années quatre-vingts. Avec des fonds suisses et allemands, on rebâtit la maison des dieux. Le règne de l'ordonnance succéda à celui de l'anarchie des siècles. On visite désormais Thyangboche à des heures précises, avec un guide, les statues sont neuves, les livres rangés et les lampes à beurre ne dégagent plus cette puanteur sacrée. Ce 25 août 1991, un moine barbu nous a bénis, et c'est Nanda, un sherpa, qui m'a prêté quelques roupies pour répondre à l'offrande.

Je ne crois pas que nous nous sommes attardés. Je préfère de beaucoup me rendre à Pangboche, deux ou trois heures plus loin, quitter le sentier des trekkers et me recueillir dans la pénombre d'un autre monastère où chantent encore des oracles dont on ne sait s'ils sont moines ou magiciens. Pour quelques roupies, l'un d'eux va chercher la clé d'un coffre, l'ouvre et montre une relique (aujourd'hui disparue) : le scalp d'un yeti, et sa main desséchée. J'ai remarqué que le crâne recouvert d'un duvet de poil roux et rêche portait des trous. Plus tard à Pheriche en dégustant les derniers "rouleaux de printemps" avant l'Everest, je me pose encore des questions futiles : pourquoi monter là-haut ? Ce n'est que le 2 septembre que la question s'évanouira. Normal, puisque cette fois, je suis dans l'action. C'est la nuit, la fin de la nuit, et je marche, dans la ville-fantôme de la cascade de glace. Je marche vite. Probablement trop vite, mais je n'aime pas ce lieu où dorment plus de cinquante corps, les fantômes du grand blanc. Des immeubles de glace bleue me surplombent, mes crampons mordent l'aluminium des barreaux d'une échelle qui enjambe crevasse après crevasse. Ce lieu est celui de tous les dangers. Le sol peut s'ouvrir, les séracs s'écraser, c'est la seule porte de l'Everest. Une ordalie. Une épreuve à haut risque. Des gens à l'intérieur du labyrinthe parlent peu. On croise ceux qui descendent, jamais certains de les revoir. À 6 100 mètres, sur des zones plates, cernées de tranchées profondes se tient le camp I. Cet après-midi du 2 septembre, je rentre dans la tente où règne une chaleur étrange, il s'est mis à neiger. Quelques flocons, puis comme si le ciel s'était effondré, une neige drue, épaisse. La tente ploie, on la secoue, et dehors pas très loin, les pentes se purgent. À intervalles réguliers, le tonnerre d'une avalanche. J'essaie de dormir, pour oublier, pour me convaincre qu'ici, dans ce cocon de toile humide, je ne risque rien. Entre deux rêves, je fais bouillir de l'eau, j'ingurgite des tisanes, de l'aspirine, je branche la radio pour entendre ceux du camp de base ; c'est si proche, et c'est déjà un autre monde. Le matin est long à venir, un matin flou, apaisé par la neige qui a recouvert toutes les traces, toutes les cordes. Je suis dans mon sac de couchage, j'ai ouvert le rabat de la tente, pour laisser entrer l'air et voir le paysage tout blanc. Petit déjeuner, une chapati ramollie dans son sachet de plastique, des biscuits "Nebico glucose" au goût de kérosène, et ce café qui refroidit trop vite. Je suis le premier à replonger dans l'Ice Fall, un sherpa "Nu" (c'est son nom) me suit ; j'arrache les cordes fixes enfouies sous la neige. Je suis nerveux. Nu me dit près d'un sérac « one people dead here ». Au fond de la crevasse, j'aperçois une veste bleue, l'homme est couché sur des débris de corde. « Don't worry, a long time ago. » Oui, il a raison : ne pas s'inquiéter. Ils sont trop nombreux, dévorés par le glacier, à rouler avec lui vers la plaine. Au camp de base, je retrouve ceux qui attendent, ceux qui espèrent, qui n'y croient plus, qui ont mal, qui ont du courrier, qui réparent leurs crampons. « C'était bien ? – C'était fantastique, une partie de plaisir. »

En face l'avalanche

La journée était belle. Le Nuptse brillait tel un diamant au-dessus de nous ; j'avais posé mes vêtements humides sur des pierres pour les faire sécher. Une petite cuvette naturelle dans le glacier était devenue ma baignoire. Je vivais ces heures sans souci, il m'arrivait même de m'asseoir dans la cuisine des sherpas pour jouer aux cartes avec eux et perdre quelques roupies. D'autres grimpeurs sont arrivés au camp de base, ça permet de lire *le Monde* vieux de quinze jours. Sur la montagne d'en face, le Pumori, une équipe s'active pour le sommet. Dans ce groupe de jeunes hommes se trouve le fils de la femme avec qui je vis. Je lui ai donné le virus avec mes histoires d'Everest, et me voilà avec le souci de le savoir sur la montagne d'en face. De temps à autre, je peux lui parler à la radio, il a l'air bien, à sa place, je le sens joyeux, comme je peux l'être moi-même. Deux jours en arrière il est venu me rendre visite, j'avais une canette de coca pour lui, et nous avons parlé comme deux alpinistes, fiers de s'offrir leurs rêves de sommet. Si tout se passe bien, dans trois jours il sera au sommet, et moi, à peine plus haut au camp III de l'Everest, vers 7 300 mètres, je prendrai plaisir à regarder aux jumelles, de petits points sur la bosse sommitale à une quinzaine de kilomètres à vol d'oiseau.

Je n'ai pu éviter les conseils de prudence. Ma mère me dit bien de me couvrir pour ne pas attraper froid en montagne. Le 15 septembre, en montant au camp III, je ne pensais plus à lui. J'avançais à la tête d'une petite colonne fatiguée, déroulant la corde fixe. La trace était profonde, il me fallait presque pelleter pour faire un pas. C'était un travail de fourmi, mais, j'avançais, bien dans mon corps, bien dans ma tête, dopé par la certitude de faire du bon travail. Tout doucement, j'approchais de l'emplacement du camp III. Je pouvais apercevoir un pieu à neige, fiché dans un sérac, vestige d'un camp du printemps. Je ne voyais que cela, n'avançais que pour cela. Personne n'aurait pu me doubler. J'en faisais un point d'honneur. Le camp III allait me revenir tout entier. Parfois, pour reprendre mon souffle, je me courbais dans la trace, appuyé sur le piolet, et je regardais ce Pumori au loin, dont la tête se couvrait doucement de nuages. Puis l'effort cesse. On est là, arrivé. Un copain espagnol me tape sur l'épaule, me félicite. D'autres arrivent, jettent leurs sacs à dos, déplient la toile de tente. Je suis assis, un peu hébété par l'effort, j'attends que la neige fonde dans une gamelle pour apaiser ma soif. Comme elle est merveilleuse, la machine humaine ; sous moi, mille mètres plus bas, la petite ville de tentes du camp de la combe ouest. L'Everest est encore loin, mais je tiens là une victoire. Je le crois. Le talkie des Espagnols grésille. J'ai entendu le mot avalanche. J'interroge Inaki du regard. Il est sombre, ses yeux noirs, intenses. « Un problème ? – Attends. » Il interroge. Ça parle très vite à l'autre bout. « Jean-Mi, il y a un accident au Pumori ! » Je regarde la montagne, la montagne d'en face, elle s'est entièrement couverte de brume. « Il y a des morts, c'est une avalanche. » Je n'ai rien dit, je me suis levé. J'ai pris mon piolet, attrapé la corde fixe dans une main. Et j'ai couru vers le bas. Dans ma tête c'est un chaos. Je prie, je hurle. J'ai mal. Il faut que je sache. « O mon dieu je t'offre mon sommet, s'il s'en sort. » Elle est dérisoire ma prière. C'est pauvre le marché que je passe avec le divin. Mais que donner, à cette heure ? Je n'ai que cela : un sommet, mon plus beau cadeau. Le seul qui me coûte. J'ai fait vite, le camp II est en ébullition, un autre Espagnol me récupère à l'entrée d'une tente. « Ton fils est sauvé, il est au sommet, deux autres personnes sont mortes, une troisième est perdue sur la trace. » Il me tend la radio. Je parle avec le camp de base. Je dis que j'arrive, je dis n'importe quoi. J'ai peur. Il est au sommet, dans les nuages, il faut qu'il redescende vivant, que tous redescendent vivants. Petit à petit j'apprends l'histoire. Alors qu'une équipe est partie pour le sommet, deux jeunes et un sherpa sont restés au camp III. Le sherpa c'est Gyalzen, c'est mon ami, qui fait si bien les frites dans une poêle. Ces trois-là sont partis plus tard pour le sommet, et l'un d'eux s'est décordé pour aller pisser. À ce moment précis, l'avalanche a jailli, des trains de glace, de neige. Gyalzen et Brahim ont été broyés. Maintenant un jeune homme attend, paralysé de peur, dans la brume, que les autres reviennent du sommet.

Je gueule dans la radio : « Ne bouge pas. » Ceux du sommet ignorent tout du drame. Ils sont tout à leur joie de la réussite, ils se concentrent pour descendre ; il faut pourtant bien leur dire qu'ils ont quelqu'un à récupérer. J'ai fui à toute allure vers le camp de base, j'ai fui pour porter secours. Quand j'arrive, j'écoute ce dialogue poignant du jeune homme qui a froid, qui n'ose bouger depuis des heures. « Ils sont près de toi – Je ne vois rien, j'entends des bruits. – Appelle-les. » C'est fait, ils l'ont retrouvé. Maintenant ils vont savoir. Maintenant ils vont pleurer Gyalzen et Brahim, qui n'existent plus. Le lendemain, avec des sherpas, je suis parti, là où l'avalanche s'est brisée. Du camp de base, il nous semblait apercevoir deux corps immobiles. Une autre coulée de neige les a ensevelis. J'ai remonté les pentes, j'ai fouillé le chaos de blocs, avec la terreur et l'espoir de les découvrir. « Pourquoi eux ? » « C'est la montagne » m'a dit Tséring. Alors nous avons bâti un tertre de pierre. Nous avons gravé des noms et une date : "Brahim, Gyalzen, le 14 septembre". Nous avons tendu des drapeaux de prière, les chevaux du vent... Dieu a accepté mon offre, j'ai perdu mon sommet, dix jours plus tard, à cinquante mètres de dénivelé du bonheur.

À propos de livres, de lettres et de musique

Il n'est guère facile de disposer d'une bibliothèque en expédition. Tout est pesé, amené à dos d'hommes ou de yacks. Le gros défaut des livres, c'est le poids. C'est ainsi que la plupart du temps on prend un ou deux livres, très épais, sur du papier fin. Un ouvrage de la Pléiade est parfait pour ce genre d'activités. Et puis inévitablement on compte sur le livre des autres. Ce choix imprévisible permet au lecteur installé dans sa tente à plus de 5000 mètres de découvrir des auteurs qu'il n'aurait sans doute jamais osé lire. Longtemps je n'ai emmené qu'un seul livre : *Principes et préceptes de retour à l'évidence* de Lanza del Vasto. C'était un très bon viatique. J'en savais toutes les sentences par cœur, elles ressemblaient à ce que je vivais dans mon abandon de luxe. Je lisais des après-midi entiers quand le mauvais temps nous immobilisait. Je lisais le soir, parfois en pleine nuit lorsque l'angoisse prenait le dessus, et que les maux de tête n'occupaient pas tout le mental. Je lisais assis, adossé à mon sac de matériel, enfoui dans mon sac de couchage, une frontale et une bougie pour seul éclairage et souvent des gants en fourrure polaire qui ne facilitent pas le maniement des pages.

J'ai profité de ces longs moments de silence pour lire Dostoïevski. Mais aussi les lettres de Van Gogh à son frère, quelques ouvrages de Bachelard, et pas mal de romans achetés à la dernière heure dans une librairie de Katmandou qui se nomme *Pilgrim*. Je me souviens encore combien le livre *Un Homme* d'Oriana Fallaci m'avait enthousiasmé.

J'écrivais aussi. Pas n'importe quoi. En général, j'inventais de petites nouvelles érotiques et je conduisais mes pauvres héros dans des lieux qui n'avaient rien à voir avec mon territoire. Je parlais d'un Paris que j'ignore, ou de plages ensoleillées dont j'avais de très vagues souvenirs. Les nouvelles, écrites de ma plus belle écriture, circulaient dans la petite communauté du camp de base. J'imaginais ce que ces textes chauds produisaient auprès de ces hommes et de ces femmes qui vivaient pour la plupart une chasteté obligée. Parce que c'est un sujet méprisé ou tabou, nous ne parlions pas de sexe. J'entends de la réalité du sexe, dans ces hauts lieux de mort. Est-ce qu'il était humain de se caresser ? De briser des tensions trop douloureuses dans un orgasme solitaire ? Les sherpas ne s'embarrassaient pas de ces considérations, certains possédaient des revues "pornos" dont ils affichaient les belles feuilles à même les parois de leurs tentes. Mes voyages érotiques reposaient sur la voix. J'avais un "baladeur" et j'écoutais des voix de femmes. J'ai gardé une impression exagérément forte des lettres de Katherine Manfield lues par Jane Birkin. Je suis incapable de retrouver la nostalgie amoureuse contenue dans ces lettres, mais le seul fait de les évoquer me donne le frisson. Tous ces livres lus en altitude, avec la conscience maladroite de l'air rare, comptent plus que toutes les belles lectures de la vie ordinaire.

Des phrases notées çà et là dans mes carnets côtoient encore des notes plus prosaïques. Ainsi à

Namche Bazar dans la capitale des sherpas, j'avais fait mes comptes et au milieu d'une liste à la Prévert (un foulard vert à 115 roupies, un cahier à 45 roupies, une bougie jaune à 12 roupies, une tablette de chocolat à la liqueur de poire à 100 roupies) rayonne ce petit mot d'Éluard : « Gloire, souterrain est devenu sommet. »

Suivent mes rêves de la nuit du 29 août 1991.

Passang, Babu, Nawang et les autres

J'étais arrivé très tard au camp de base cette année-là. La plupart des expés s'étaient installées, et sur la moraine il ne restait plus d'emplacements plats. Je dus terrasser la glace pendant deux heures pour pouvoir poser ma tente. Une bonne amie vint me trouver en pleine nuit, bien décidée à discuter et plus si affinité. J'avais mal à la tête. Je voulais dormir, mais ce que femme veut ! J'ai cédé, plaquant mes mains sur sa bouche au moment-clé pour éviter que les habitants des tentes trop proches ne me regardent avec un drôle d'air le lendemain. Elle criait, elle criait trop fort, à l'aube elle repartit dans sa tente, comme si de rien n'était. Au petit déjeuner, dans la cuisine des sherpas, j'ai tout de suite compris au regard de Tséring qu'il n'était pas dupe. Il a fait cette allusion à la cantonade. « Les Français font trop de sexe, c'est mauvais pour le sommet ! »

Toute cette expédition, je l'ai vécue au sein de la communauté sherpa. La femme de Sonam, la belle Passang, s'était mise en tête de vaincre l'Everest. Elle voulait être la première Népalaise sur le toit du monde. Sonam avait donc constitué un "team" de sherpas pour encadrer Passang. Il avait raflé les meilleurs hommes.

Tous ceux qui comptaient déjà plusieurs Everest dans leur carrière. Une marque de bière avait en partie financé cette expédition, et toute l'équipe arborait sur des combinaisons flambant neuves, l'écusson de la "San Miguel". Autres avantages, des cartons de bières s'entassaient dans la cuisine, ce qui rompait avantageusement le cycle thé-café (et pire : boisson à l'orange garantie sans orange !). Passang régnait sur ce petit monde, le visage souriant; elle vivait dans une tente avec sa camériste (Pema), une jeune sherpani adorable, dont la silhouette hantait tous les fantasmes des alpinistes présents. Je crois qu'il n'y avait jamais eu tant de femmes dans un camp de base. La jolie Pema, manches relevées, frictionnait les longs cheveux noirs de Passang au soleil du matin, chaque semaine. J'allais rire en leur compagnie, évoquant des histoires d'amour dont les échos nous étaient parvenus lors des haltes dans les lodges de la route de l'Everest. Nous étions dans des conversations d'adolescence, au pied de cette cascade de glace qui avait été bienveillante. L'heure approchait. La route s'ouvrait lentement mais sûrement, et les bonnes nouvelles nous parvenaient du camp d'altitude. Nous étions arrivés aux jours propices. Les sherpas consultaient le calendrier tibétain, Passang commentait la lune. Le 2 septembre je montais enfin au col Sud. Je restais là-haut une première nuit, puis une journée complète, partageant une petite tente avec un sherpa "Phurba", et deux Français. Phurba m'inquiétait, le vent nous interdisait de sortir de la tente et lui ne cessait de dormir. La seconde nuit à l'altitude irréelle des 8 000 mètres, je me battis réellement pour le réveiller. Il fallut que je trouve une bouteille d'oxygène, que je fixe le masque sur son visage et que pendant une heure je laisse s'écouler le précieux gaz. Nous avions décidé de quitter le camp à une heure du matin. Phurba s'était réveillé, il titubait mais il affirmait que tout allait bien. De mon côté, j'étais nerveux à l'extrême. Mes mains tremblaient pour attacher mes crampons. Ce fut une longue colonne qui s'allongea jusqu'à l'aube dans les pentes de l'Everest. Je n'ai aucun souvenir de ces pas dans la nuit. Je vois la neige faiblement éclairée par ma frontale. Je vois l'empreinte du pas des autres. J'avance, complètement excité à l'idée que cette fois, le sommet est pour moi.

Vers 8 500 mètres, en prenant pied sur l'arête sud-est, je fis halte sur de grosses pierres plates où traînaient quelques écheveaux de vieilles cordes. Nous étions une dizaine, essentiellement des sherpas ; seul "occidental", Olivier m'accompagnait. Le lever du soleil fut une merveille. Il me réchauffait, et assis sur ces pierres, découvrant le Tibet, je n'avais que cette pensée ancrée : il n'y a rien de plus beau. Je n'aurais su imaginer un tel spectacle. Ce n'était pourtant que des montagnes, des nuages, des déserts jaunes, des vallées sombres, ça n'était que cela ; mais j'avais le sentiment de voir pour la première fois. Il rentrait plus de lumière dans mes yeux, il rentrait un paysage plus grand, plus évident. Je sentais à l'intérieur de mon corps la beauté, comme si j'appartenais sans limite à ces montagnes, à ces terres. Je faisais corps avec elles, je savais en plus que mes compagnons partageaient ce même bonheur. Passang avait relevé son masque, elle me souriait. Nous aurions tous pu mourir à cet endroit. Nous étions dépourvus de doutes, d'angoisses, comme si nous avions déjà franchi une porte. Un sherpa a puisé dans sa combinaison des mini cubes de boisson à la mangue *mangoo frutti, fresh and juicy*. Le liquide était presque gelé, il fallait le laisser dans la bouche pour le réchauffer et l'avaler. Nous sommes restés là, plusieurs minutes, devant nous la grande pente toute blanche qui mène au sommet sud. C'est Olivier qui a démarré le premier. Il m'a fait signe. J'ai suivi. Nous marchions avec une lenteur folle, la neige n'avait aucune consistance. Enfoncés jusqu'à la taille, il nous semblait nous engluer. Derrière nous, une tranchée. Olivier jetait un coup d'œil vers moi, mais je ne pouvais le rejoindre, l'aider. J'étais comme lié à ses pas. Nous creusions l'écart. Les sherpas étaient loin derrière nous. J'étais incapable de savoir s'ils bougeaient, et je n'avais pas non plus l'impression d'avancer. Je pensais que cette pente pouvait partir, mais je n'avais aucune crainte. À un moment, j'ai pu prendre le relais, et creuser la trace à mon tour. Il restait quelques mètres avant ce fameux sommet sud. Je fixais la bosse blanche et le ciel. Je n'avais aucun moyen d'estimer la distance. Puis ce fut tout simple, tout naturel, j'étais à 8 760 mètres. Devant moi la dernière arête, et les rochers du ressaut Hillary. Je regardais ce fil d'Ariane, fasciné. À cette heure-là, personne au monde ne se trouvait plus haut que moi. Quelle importance ! Pour ce moment, j'avais tout sacrifié. Pour ce moment, je m'étais dépouillé de tout et de tous. Je suis resté debout, j'ai attendu. Olivier m'avait rejoint, puis Babu Tshéring, un sherpa au visage rond comme la lune. Derrière nous la brume s'était levée. Je ne distinguais plus le col sud, ni la pente d'où nous étions sortis. Le vent devait être là, puisque l'Everest partageait le ciel en deux. Côté nord, l'azur était d'un beau bleu sombre et côté est, un grand panache blanc s'étirait sans fin. Nous avons descendu les quelques mètres qui amènent à l'arête, un gros rocher noir nous servit d'abri. On ne parlait pas. Babu m'a tendu la corde, et je ne sais pourquoi nous avons quitté Olivier. L'arête était étroite, cornichée, et le vent tendait la corde dans le vide. Babu s'est agenouillé. J'ai posé la main sur son épaule. « We go, please. – Ok, Sir ! » Il s'est relevé, a fait un pas, et j'ai vu la neige s'effondrer sous ses pieds. Je l'ai retenu. Par quel miracle ? Le vent nous battait, me donnait envie de vomir. Babu m'a pris les mains, il a articulé « Go back home ». J'ai compris à ce moment qu'il allait falloir sauver sa peau. J'ai vu une ombre qui attendait au sommet sud, j'ai cru que c'était Olivier. Quand je l'ai atteint je ne l'ai pas reconnu, j'ai juste dit : on descend vite. J'ai dévalé la pente, il y avait du monde, je me suis arrêté vers Passang, elle semblait ne plus rien voir. J'ai pris sa tête dans mes mains, j'ai murmuré "go down" puis je me suis enfui, et les fantômes que je croisais dans la brume, je ne savais plus s'ils montaient ou s'ils descendaient. Je fuyais avec cette conscience aiguë que j'échappais à la mort. Lorsque j'atteignis le col Sud, j'étais seul, un peu perdu ; où étaient-ils, tous ceux du matin ?

Dans la nuit, un sherpa vint me trouver, le visage englacé, les habits couverts de neige. « Passang and Sonam no coming back. » Je l'ai regardé sans comprendre. Il fallait d'abord que je me situe dans le temps ; quel jour ? Quelle heure ? Qu'avais-je fait tout à l'heure, hier ? Puis j'ai dit à Nawang « Qu'est-ce qu'on fait ? » Il m'a répondu : « Rien, on attend. »

Au matin de la troisième nuit à 8 000 mètres, Passang Lhamu et Sonam Tsering ont été secourus près du col Sud. Ils avaient passé la nuit dehors, mais ils étaient vivants, vivants. Et si heureux de vivre.

Deux années s'écouleront. Passang atteindra cette fois le sommet avec le même Sonam, au printemps 1993 ; mais comme en 1991, elle ne rejoindra pas le col Sud. Elle et Sonam se coucheront dans la neige, à 8 700 mètres. Sonam, qui crachait le sang en montant, et Passang, qui vient de réaliser son rêve, vont mourir là. Après la victoire. Deux sherpas redescendront le corps de Passang. Incinérée sur les quais de la Bagmati à

Pashupatinath, il ne reste de la belle sherpani, qu'une statue de bronze dans le quartier de Bodnath à Katmandou. Moi je l'entends rire, toujours rire, ses longs cheveux noirs défaits sur sa poitrine. Et parfois, quand je croise sa fille "Daphuti", je voudrais lui dire que sa mère avait raison de croire aux rêves. Ces mêmes rêves qui m'ont réveillé, haletant, dépourvu d'un sommet à jamais échappé. Alors je gueule de toutes mes forces : jamais. Et je ne sais plus si Passang avait raison.

Il était sourd à 8 000 mètres la nuit

J'ai appris sur les pentes de l'Everest à reconnaître la valeur des hommes et des femmes. Il me semble. Dans ce territoire où l'on rejoint l'état du fœtus, puisque dit-on, le bébé dans le ventre obtient à peu près l'oxygène que l'on rencontre à 7 000 mètres, les êtres sont nus. Ils laissent leur nature profonde venir à la surface. Ils perdent les masques qui leur permettent de ne pas s'exposer. À l'Everest, les êtres s'exhibent.

Mark fut un des hommes qui m'impressionna parmi tous. Ce digne sujet de sa majesté, installé en France, était d'abord un esprit cultivé. Un honnête homme. Nous partagions en commun ce goût absolu de l'Everest.

Mark ne songeait pas à d'autres montagnes, il avait cette idée fixe de toucher le sommet du toit du monde. Cette volonté n'était au service d'aucune ambition. Une sorte de contrat avec lui-même. Un contrat intime qui ne nécessitait aucune explication ou justification. Je n'étais pas très étonné de me retrouver avec lui, le long des divers échelons de l'Everest. La veille de notre première tentative, nous avions quitté tous les deux le camp de base pour rejoindre les maisons de Gorak-Shep. C'était comme un geste d'esthète avant de se jeter dans notre paradis blanc. Retrouver un peu de civilisation, boire une bière, discuter avec des gens venus simplement se promener, s'étendre sur un lit, un vrai ! Et surtout respirer les odeurs. Sentir la terre, les herbes, sentir la vie, les odeurs humaines, la nourriture chaude. Mark était un peu sourd, il portait un appareil de temps à autre, et parfois les mots se cognaient dans sa bouche. Nous parlions de vin, nous évoquions dans ce petit lodge de Gorak-Shep des plats qui nous faisaient saliver. Et puis parce que cela était un peu ridicule et frustrant, nous revenions inévitablement à nos conversations de montagne. Une jolie fille était assise dans le lodge, Mark ne s'y intéressait pas ; je la voyais nous regarder en douce, probablement étonnée de croiser des hommes amaigris, mal rasés, mais dont les yeux disaient : on vient d'un endroit incroyable.

Cette nuit confortable, je l'ai passée en partie à lire (*Lent dehors* de Philippe Djian) et discuter avec cette compagne de circonstance. Dans ces lieux de nulle part, il est facile de se livrer, parler de ses amours, de sa mère, accepter que les mains se touchent, se serrent. On sent bien qu'il y a urgence à vivre, et qu'il est inutile de finasser. Au matin nous avions déjeuné exagérément, commandant tous les trois à la sherpani un "hashbrown", cette sorte de purée fricassée, confite de fromage, et des œufs, et du café, et des pancakes.

Trois jours s'écoulèrent avant que nous ne reprenions pied sur la montagne. Par un miracle, rare sur cette montagne, nous nous trouvâmes tous les deux, au col Sud, à 8 000 mètres. Le temps était remarquablement mauvais. À peine arrivés, à peine déposés nos fardeaux, il fallut redescendre, des rafales de vent nous déséquilibraient et je voyais les trois tentes montées la veille se gonfler, puis claquer comme des drapeaux. « On reste, m'a dit Mark. Ça nous fera du bien. » C'était incongru, si inutile que j'ai accepté. Une nuit de plus là-haut. Ça valait bien la nuit de Gorak-Shep. On a choisi une des tentes, la plus abritée. Et puis tout ça ne durerait que quelques heures. Dans la tente, il était impossible de se dévêtir le moins du monde. On grelottait de froid. Le bruit du vent ajoutait à l'ambiance de fin du monde. Les cristaux de glace dus à la condensation, figés sur la toile, pleuvaient sur nous, Mark dut enlever son appareil auditif. J'ai murmuré : « T'es tranquille maintenant ! » Le soir était tombé. Le vent, lui, redoublait, on se serait cru à l'embouchure d'un réacteur. J'ai raconté à Mark en criant que deux Coréens s'étaient envolés ici même. Il m'a dit : « On leste. » Nous sommes sortis tous les deux, les nuages fouettaient le col, le simple fait de ramasser de vieilles bouteilles d'oxygène nous glaçait jusqu'aux os. De retour à la tente, avec notre maigre butin, il nous fallut une bonne demi-heure pour retrouver la mobilité de nos mâchoires. Nous nous sentions paralysés. Mark, très curieusement, jubilait. « C'est fantastique. » Je pris enfin les sacs déposés par les sherpas. J'avais préparé des charges, et je savais que nous allions pouvoir manger, et surtout boire. Depuis notre départ le matin du camp de base 3 000 à 7 000 mètres, nous n'avions pratiquement rien bu. Dans le premier sac, je trouvais un parapente ! Je pestais, mais bon, ce devait être une erreur. Mark sortit d'un autre sac un autre parapente, et du dernier bagage, j'extirpais, nerveux, un troisième parapente. Pas de gaz, pas de réchaud, pas de gamelle, pas de nourriture. Je pris le talkie enfoui dans ma combinaison, et je me mis à appeler le camp de base. La liaison était mauvaise, je ne pouvais pas m'expliquer. Je hurlais : « South col, nothing to drink, we will die. » J'entendais, dans les craquements : « Nothing. » J'ai fermé l'appareil, j'ai regardé Mark. « On est mal. » Il m'a fait répéter, une main sur l'oreille. Puis il a dit, comme précédemment « C'est fantastique. » Je me suis tu. J'ai serré ma capuche. J'avais peur. Mark s'est mis à ronfler. J'ai appris, six ans plus tard, que Mark avait réalisé son rêve d'Everest. Il a atteint le sommet, puis il s'est assis dans la descente. Au petit matin, on l'a retrouvé, près de son sac à dos, le visage paisible. Attentif à son sommeil éternel. Mark qui aimait le bon vin.

Du *Shanker Hotel* à Lobuche

Suivant leur bonne ou mauvaise fortune, les himalayistes hantent divers hôtels lors de leurs passages à Katmandou. Cela va du taudis où il est nécessaire d'arroser le lit d'insecticide, à l'espace luxueux que fréquentent les tour-operators. Tous nous lorgnons les chambres somptueuses du *Yack n'Yeti*, ce palace que le cinéaste Bertolucci loua presque en entier quand il filmait les scènes népalaises de *Little Bouddha*. De belles femmes de diplomates viennent bronzer au bord de la piscine, et dit-on, ne dédaignent pas l'himalayiste crasseux qui affiche son dernier 8 000. Pur fantasme. Personnellement je préfère le vieux bâtiment aux boiseries sombres qu'est le *Shanker Hotel*. Cet ancien palais de la dynastie Rana, avec sa façade de colonnes blanches, est propice au repos, un grand terrain engazonné où poussent de majestueux pipals préserve du bruit et des fumées de Katmandou. J'avais été embauché pour photographier un himalayiste hors pair qui avait comme projet de “coucher” au sommet de l'Everest. La tâche était étrange, je la partageais avec Bruno et sa caméra, mais elle me donnait l'occasion d'aller pour la quatrième année consécutive sur le toit du monde.

Je prenais mes quartiers. J'étais chez moi sur cette montagne. J'avais l'impression de la connaître si intimement qu'elle ne m'effrayait plus. J'allais gravir Chomolungma comme on quitte sa maison pour aller au cinéma. La veille de mon départ en France, un 15 août, j'étais parti avec ma fille et des amis, au bord de la mer. Nous avions logé sous tente, dans un camping à Collioure. Je m'étais baigné, j'avais profité du soleil, du vin rouge, avec juste cette acuité que donne l'idée de départ. Je jouais à emmagasiner. Sachant bien que demain, sur l'Everest, il faudrait payer. Tout dépenser. À l'époque je n'avais plus de maison. Je partais de nulle part, mes vrais lieux se nommaient le Népal. J'avais écrit mon testament, vérifier que mes assurances-vie valaient pour ma fille. Je ne savais pas l'aimer comme un vrai père. Cette putain de montagne me possédait corps et âme. J'en avais fait une sorte d'adversaire, d'amante incertaine. Elle me réveillait la nuit. Elle me poussait le jour à me mortifier, courir jusqu'à ce que mes poumons brûlent.

Cette paix de la mer, avant le départ, je la vivais comme une trêve.

Le premier jour à Katmandou, je fis le tour de mes repères familiers. J'aimais ce moment particulier du coucher de soleil à Swayanbunath, le temple des singes. Je connaissais, près du temple, un devin. Il prenait mes mains, puis souriait, énigmatique : « No accident, Sir, you will be back ! » « And summit ? » (le type était prudent) « I don't see sir, but no accident ! » C'était mieux que rien.

Dans la chambre d'hôtel que je partageais avec Bruno, nous mettions au point nos stratégies d'ascension. Elles se résumaient à "aller vite, et revenir".

Notre vedette avait quelque retard, et nous le quittâmes avec le projet de l'attendre sur la route, dans un lodge confortable à Namche, idéal pour s'acclimater, à 3 800 mètres. Nos bagages nous avaient précédés, nous étions presque "à vide" pour atteindre Chomolungma. Ce fut un beau trekking. Nous marchions sans souci, capables de s'arrêter au hasard du chemin, là où le thé nous paraissait le meilleur.

Chaque soir je notais mes rêves. Je vivais la curieuse expérience de la psychanalyse, j'avais donc pris cette habitude. Et j'avoue que mes rêves népalais apportaient une belle matière à mon bon docteur de la Tour "Mont Blanc" à Grenoble. Je n'osais pas encore marcher en tongues dans les sentiers népalais, j'achetais des baskets chinoises à Katmandou ; un tailleur me confectionnait un pantalon de toile dans les boutiques de Thamel ; je mettais un point d'honneur à n'être qu'un simple touriste. Je partageais pour la troisième fois cette route de l'Everest avec le même compagnon. Nous sommes arrivés à Namche, début septembre. Au fil des années la petite bourgade bâtie dans un cirque s'était agrandie. Un sherpa de notre connaissance avait installé une boulangerie dans la rue principale. On pouvait trouver des croissants, des pains aux raisins ! Toutes les maisons possédaient l'électricité, mais pas l'eau courante. Des enfants et des femmes circulaient, des bidons d'eau sur les reins. La plupart des sherpas tenaient boutique et on trouvait à prix fort à peu près tout ce qui est nécessaire au candidat de l'altitude. Dans les arrière-boutiques, le commerçant ouvrait de gros tonneaux de plastique (on y lisait des noms d'alpinistes, parfois disparus) et de ses coffres sortaient des débauches de vêtements, de cordes, de piolets, de bouteilles d'oxygène.

Ce butin provenait des himalayistes de retour, qui revendaient du matériel pour se faire un peu d'argent, c'étaient aussi les prises de guerre des sherpas qui récupéraient les camps abandonnés lors des retraites malencontreuses. Bien évidemment il était fini le temps où ces commerçants vendaient leurs produits sans bien connaître leur valeur. Avisés, ils utilisaient des catalogues du Vieux Campeur pour fixer leurs tarifs. Namche est une ville importante où tout s'achète, où tout se vend. Des Tibétains débarquent du Nangpa-La à cinq jours de marche et s'installent sur la place du marché chaque samedi avec du beurre, du sel, des tapis, de la laine de yacks. Passage obligé sur la route de l'Everest, les lodges ont fleuri, et il ne reste guère de maisons où l'on ne puisse manger et dormir. On peut même s'offrir dans un de ces lodges les plus anciens (*Ama Dablam Lodge*) une chambre coquette où ont dormi entre autres Jimmy Carter et Robert Redford. Une plaque de cuivre rappelle la venue de ces deux hôtes médiatiques.

À Namche nous avons des habitudes, notre lodge est situé sur la hauteur, il domine le village, dont les toits en tôle bleue ou verte disent la nouvelle richesse. Chaque fois nous restons au minimum deux jours, comme si nous empruntions un sas avant le monde de l'altitude. Et chaque fois nous consacrons une journée à randonner au-dessus de Namche jusqu'à l'hôtel *Himalayan View*. Ce pèlerinage est une source d'amusement. L'hôtel *Himalayan View* à 4 000 mètres d'altitude est une folie due à des Japonais. Un bâtiment aux prétentions de luxe, avec des salles de bains dont les baies vitrées donnent sur l'Everest. Il fut construit pour accueillir de riches touristes déposés en avion ou en hélicoptère sur une piste aménagée 200 mètres plus bas. Les chambres possèdent des bouteilles d'oxygène. Mais rien ne marche, et si vous voulez utiliser la baignoire, c'est une sherpani qui vient verser des seaux d'eau chaude.

Les jours passèrent jusqu'à se retrouver sans notre héros à Pheriche.

L'ambiance dans cet ancien alpage à 4 200 mètres d'altitude est bien différente. C'est le lieu de tous les dangers pour les trekkers surpris par les méfaits de l'altitude. Un petit hôpital récupère les victimes d'œdème, et les médecins tentent de dissuader celles et ceux, qui, imperturbables, veulent atteindre le camp de base à grand renfort d'aspirine.

Quand nous sommes arrivés, une expédition attendait un hélicoptère pour évacuer un de ses membres. Le type était couché dans la pièce principale, le visage gonflé, visiblement en mauvais état. C'est là, à la tombée du soir, que notre héros est arrivé. Pas content le héros. Trois jours qu'il nous courait après, et nous, sans nouvelles, nous ne l'attendions plus. Engueulades, réconciliation, explication. La routine sur l'Everest. Demain il faudra marcher ensemble. Atteindre Lobuche, et en deux jours le camp de base. Terminée la rigolade ; il n'y avait plus qu'à photographier un homme s'installant à 8 848 mètres, dans une tente légère. Nous ne le fîmes jamais. En 1999, un sherpa du nom de Babu Tshiring reprit le flambeau, et lui s'endormit et se réveilla, sans nous, après un long sommeil sur le toit de monde. À l'impossible les héros sont tenus.

Au nom d'une femme et de deux enfants

Pour la deuxième fois de ma vie, ce 23 septembre 1992, je venais d'atteindre le sommet sud de l'Everest à 8 760 mètres. Le temps était splendide. Ce paysage si désiré m'était comme familier. Pas une trace devant moi ; j'étais un peu ému, presque comblé par la proximité du sommet à peine cent mètres plus haut. Mes premiers gestes dans ce petit monde paisible de la neige et du ciel furent de déposer ma bouteille d'oxygène vide depuis une bonne demi-heure, et photographier cette longue arête, intacte, qui allait buter contre le ressaut Hillary, dernier obstacle avant la gloire. J'accomplissais mon travail dans un semi-détachement. Je devais ôter mes gants, mais avant tout réfléchir au "comment les ôter". C'était une sorte de dédoublement, quelqu'un était là, sur cette bosse, et ailleurs, sans que je puisse l'identifier, une autre conscience insufflait l'énergie de prendre ma gourde, la porter aux lèvres. Cette situation schizophrène ne m'angoissait pas le moins du monde ; elle me protégeait plutôt. Combien de temps s'est-il écoulé avant que je ne redescende de quelques mètres pour comprendre ce qui se passait derrière moi ? Je scrutais cette pente d'où je venais, et j'apercevais quelques grimpeurs isolés les uns des autres, la plupart du temps immobiles, comme figés par la pesanteur de l'altitude. Ils effectuaient un pas ou deux, puis ils attendaient. Cette lenteur m'a amusé. Je ne comprenais pas en revanche que peu de gens m'aient suivi. Dans la nuit j'avais dépassé un alpiniste dont les yeux avaient dû geler. D'autres s'étaient arrêtés, traumatisés par le froid invraisemblable qui accompagnait le lever du jour. De mon côté, j'étais assez chargé, deux boîtiers photographiques lestaient mon sac, et la petite bouteille d'O2 en kevlar made in Russia pesait son poids. Je n'étais pas mécontent de m'en débarrasser ; immobile, je n'avais pas éprouvé de changement notoire après l'interruption de l'oxygène. Le seul symptôme que j'associais à ce manque se manifestait par une sensation de froid plus intense, qui provoquait des tremblements de tout mon corps. Je reprenais le chemin du sommet, posant mes pieds dans mes propres traces. Et puis je me suis mis à examiner le ressaut Hillary. Je n'avais pas de cordes pour le franchir, et je ne pouvais me souvenir si le sherpa "Passang" qui m'avait suivi en possédait une. Je me suis presque mis en colère. Pourquoi une erreur pareille ? Dans la neige avec la pointe de mon bâton de ski je traçais ces quelques mots "No rope". Il s'écoula une petite heure avant que Bruno ne me rejoigne. Je l'ai vu arriver le visage penché, je lui ai touché l'épaule comme pour lui dire « ça va, on y est presque ». Il m'a regardé, puis il a dit : « T'as encore des photos ? Ils vont jamais nous croire. » J'ai acquiescé puis je lui ai indiqué avec mon bâton ce que j'avais écrit. Bruno n'émit aucun commentaire, sinon me montrer qu'il voulait se mettre à l'abri, sous le rocher noir du sommet sud.

Il nous fallut quelques minutes pour atteindre ce point. Une petite selle neigeuse, avant l'arête, où d'autres alpinistes, en d'autres temps, avaient bivouaqué. Très peu s'en étaient sortis. Avec mon piolet j'ai détaché quelques morceaux de pierre, je les ai glissés dans une poche, tout contre un petit sachet de riz sacré confié par un sherpa. Sentir ce sac où roulaient les grains me comblait d'aise. Oui, cette fois j'aurais de la chance. Nous nous étions accroupis dans la neige pour nous reposer, lorsque Ang Rita, le vieux de l'Everest, est arrivé. Je l'ai reconnu à sa drôle de casquette aux oreilles de fourrure polaire. Ang Rita m'a regardé furtivement, il a esquissé un mouvement pour se diriger vers l'arête, puis volte-face "no equipment". Ce furent ces seules paroles, il nous laissa sans se soucier d'autre chose. « Qu'est-ce qu'on fait ? » On se regardait avec cette difficulté de ne pas savoir. Nous ne dialoguions pas, mais dans notre tête, c'était comme un grand bruit de conversations. Puis "ils" sont arrivés. Je les avais dépassés sur la trace, au petit matin, ils m'avaient doublé, s'étaient arrêtés. Deux Espagnols qui répondaient aux surnoms de Pitxi et Patxi. Nous nous étions encouragés mutuellement, et enfin ils arrivaient avec notre sherpa Passang, dont la veste en duvet s'ouvrait aux quatre vents.

Pas de mots, pas d'autres choses, que cette corde qui sortait d'un sac. Une toute petite corde noire et verte dans le sac de Patxi. Ils se sont encordés. M'ont fait signe d'avancer, et avec Bruno nous avons pris le chemin de l'arête. Passang nous a dit qu'il attendait. Je me demanderais toujours comment me sont poussées des ailes, mais, ce jour-là, j'ai avancé sur cet éperon de neige avec une facilité incroyable. J'allais vers le sommet. J'allais vers mon sommet. Et rien ne pouvait m'arrêter.

Au pied du ressaut, j'ai compris que l'affaire n'était pas gagnée. Selon les années et la neige, son aspect change, il est plus ou moins difficile à franchir. À droite la petite falaise se casse dans le vide, à gauche, des banquettes de neige soulignent les stratifications du rocher.

Ça n'est pas très haut, peut-être huit ou dix mètres. J'ai creusé un trou dans la neige pour être bien stable puis j'ai laissé la cordée me devancer pour franchir le passage. De temps à autre je photographiais Patxi, qui doucement s'employait à gagner quelques centimètres ; je l'ai vu poser un de ses gants pour gagner une marche. C'est à ce moment précis que j'ai dit à Bruno « on ne va jamais y arriver ». J'ai regardé l'heure ; il était quinze heures. Bruno m'a dit « c'est tard ! ». Oui, c'était déjà trop tard. Je calculais : le jour tombe à dix-huit heures trente, il nous reste trois heures et demi pour aller au sommet et revenir au col Sud. L'Espagnol avançait doucement, et vers le sommet sud, deux silhouettes venaient de s'installer, et sans faillir, de se lancer sur l'arête à notre rencontre. Un troisième homme semblait attendre là-bas, à une centaine de mètres au rocher noir du sommet sud. D'un coup je ne comprenais plus la situation, je ne savais plus pourquoi il était si tard, pourquoi les Espagnols n'allaient pas plus vite. Bruno a dégagé sa bouche de la glace qui l'entourait, puis il a dit ces mots tout simples « j'ai une femme et deux enfants ».

J'ai compris que nous avions perdu, et qu'il fallait descendre pour gagner la vie.

J'ai fait un signe de main à Pitxi qui assurait son compagnon, à côté de moi. Il m'a répondu d'un haussement d'épaules. Et nous sommes repartis Bruno et moi, sur le fil de l'arête. C'est là au beau milieu des corniches que nous avons croisé les frères Inurategui, sans un mot. On ne distinguait rien de leurs visages. Au sommet sud nous avons également retrouvé Diego, un copain suisse, qui grelottait et qui ne savait dire que cette sentence « qu'est-ce qui se passe, qu'est-ce que c'est que ce bordel ? ». Je lui ai fait signe de nous suivre, et j'ai commencé à descendre. Mon œil gauche me piquait, en le frottant je m'aperçus que je ne voyais plus rien, juste un peu de lumière. J'ai fait signe à Bruno de se dépêcher, en criant « je deviens aveugle ».

Nous descendions à vive allure, j'avais récupéré ma bouteille vide, je voulais être à tout prix au col Sud avant la nuit. À 8 500 mètres, à l'endroit où l'on quitte l'arête, je me suis enfin rendu compte que mes deux compagnons derrière s'accordaient trop de pauses. Je les voyais s'arrêter, parfois Diego s'asseyait à même la neige ; j'ai pris la bouteille orange dans mon sac et je l'ai brandie au-dessus de ma tête en criant « j'ai de l'oxygène ». Comme ça, pour les rassurer, pour leur dire, et me dire, qu'on allait s'en tirer.

Je crois que j'ai laissé la bouteille sur un rocher. J'ai attendu un peu, puis j'ai éprouvé de nouveau la peur de la nuit, la peur d'être aveugle. Dans les grandes pentes j'ai retrouvé les traces profondes du matin ; dans ma tête ç'a été comme une explosion : cette pente était une énorme plaque à vent ; quand nous montions dans la nuit, nos bâtons de skis la touchaient avec un bruit de tambour. Toute la pente pouvait partir. Une fois de plus je me suis retourné, vers les deux silhouettes qui progressaient en titubant, j'ai crié "attention". Et j'ai repris ma course vers le bas.

Ça s'est passé très vite, le sol tout autour de moi s'est désagrégé. Des blocs de neige se sont mis en mouvement. Je suis parti sur le dos. Toute la pente glissait. J'ai pensé « c'est fini pour moi, ça devait arriver ! ». Un amas de neige m'a redressé, et j'ai vu à quelques mètres des rochers. J'ai couru, bousculé par l'avalanche, jusqu'à me jeter avec mon piolet sur une plaque de glace qui bordait les cailloux. La neige fusait comme un torrent autour de moi, comme un fleuve sans bruit, étouffant, et j'imaginais que mes deux copains allaient passer devant moi, troncs de bois charriés par le courant. J'étais seul. Tout s'est calmé. J'étais couché sur mon piolet, vivant. Je tremblais, je suffoquais, je ne pouvais plus contrôler ma respiration ; je me suis même pissé dessus ; Bruno est arrivé, m'a aidé à me relever. « Vite, on descend. » C'est tout. Au col Sud il faisait nuit, un homme était debout devant sa tente, il m'a accueilli par ces mots « t'étais dans l'avalanche ? J'ai cru que tu étais mort ». Puis il est rentré dans sa tente, en ajoutant « t'es content, t'as fait les sommets ? ». J'ai répondu non. J'ai rejoint une tente, l'intérieur était rempli de neige. Je me suis affalé sur le sol. Cette nuit, je n'ai pas dormi une seconde, le réchaud ronflait ; et de temps à autre, je regardais dehors, espérant le retour des Espagnols. Il me semblait voir des frontales très haut. Bruno était pessimiste : « À cette heure-là ils sont morts. »

Le lendemain nous déclenchions les secours au camp III ; seuls deux Espagnols avaient rejoint leur tente, l'un d'entre eux s'était blessé au genou. Les deux autres ? Des sherpas les ont trouvés vers 8 400 mètres, vivants et salement gelés. Plusieurs mois après, aux alentours de Noël, Patxi m'a envoyé cette lettre, de son lit d'hôpital : « Jean-Mi, on ne comprend toujours pas pourquoi tu as renoncé. On se souvient de toi, des moments partagés près du sommet, de ton sourire. On est soigné pour nos gelures, on nous a coupé quelques morceaux de doigts, on t'envoie ces photos du sommet, avec notre amitié. »

Un crucifix en vérité

Un vent de folie semblait souffler au camp de base. On n'avait pas fini de rassembler les restes d'un corps qui venait de faire surface sur le glacier, le compacter dans un sac en plastique avec son écharpe verte, ses morceaux de veste, que d'autres événements vinrent troubler la vie de la petite cité de toile. Deux Russes, Anatoli et Wladimir, descendaient du sommet. Ils suivaient de deux jours une ascension espagnole que nous nous efforcions de fêter à coup de vino tinto et de Chartreuse verte. Ces jours de liesse et de cadavres nous donnaient, à tous, une sorte d'excitation étrange. Et, à coup sûr, la fête allait prendre un tour nouveau avec la vodka des Russes. Une jolie Suédoise, trekkeuse en villégiature au camp de base, avait même promis de montrer le tatouage qu'elle portait sur la partie la plus charnue de sa personne. Dans un camp voisin du nôtre, une drôle de bonne femme s'évertuait à faire pousser des graines de soja dans des bacs plastiques qu'elle orientait selon la position du soleil. Et puis le bruit courut, comme une traînée de poudre : « Comment les Russes avaient-ils pu aller au sommet, sans oxygène, un jour de grand vent ? »

On avait certes compris qu'Anatoli était un rustique de la pire espèce, doté d'une santé inqualifiable. Ses allers-retours au camp III, chaussé de baskets pourvues de pointes, avaient bluffé les plus blasés. Son visage blond, ses sourcils épais, ses yeux bleus très pâles, son allure de géant complexé, et surtout ces mains, trop larges, dévouées à s'agripper au rocher ; quel beau personnage ! N'empêche. La question du sommet posée, le doute grandissait. Et quand ils sont arrivés tous les deux, d'un pas allègre, sur la moraine, j'ai bien senti que tout enthousiasme à leur égard était, à cette heure, prématuré. Pas encore inconvenant. Le lendemain n'était qu'une journée de repos, avant de prendre le chemin de la cime. Je soignais mon œil gauche brûlé par le froid, la douleur était vive, mais surtout, surtout je voulais retrouver la vue pour espérer, demain, un nouveau sommet. Nous avions évacué les Espagnols gelés ; un hélicoptère avait pris le risque de se poser sur patins dans le chaos du camp de base, et désormais les deux alpinistes pansaient leurs plaies au soleil de Katmandou.

Après avoir écrit quelques lettres, j'avais été baguenaudé vers la cuisine de Pépé Rebollo, une bonne adresse puisqu'à Saragosse il tient un petit restaurant *Flores*. Pépé veille sur une équipe de sherpas, des cooks, à qui il enseigne l'art délicat de la tortilla. J'aime m'asseoir en sa compagnie, l'écouter inlassablement raconter des histoires de filles et de vins. C'est lui qui m'annonce une soirée chez les Russes pour fêter le sommet. J'aimerais un peu de vin, j'ai des doutes sur leur vodka ; la soirée s'annonçait chaude. Vers dix-huit heures (ce que je dois calculer puisque j'ai laissé comme toujours ma montre à l'heure de la France), des ombres se dirigeaient vers la grosse tente des Russes. Il fait un vrai beau froid sec et le ciel s'allume de toutes ses étoiles.

« Rien que pour ce ciel ! nous avons tous gagné. » Ce sont les mots optimistes de Pépé. Lui, il envoie ses troupes, les nourrit, les soigne, les materne, mais jamais, au grand jamais, il ne met un pied sur la montagne. Chez les Russes, dans leur tente, ça rigole déjà. Le grand Anatoli tient sa guitare dans les mains ; des bouteilles entamées traînent sur la table. On boit au goulot. Et on essaie de se parler dans un anglais pour lequel aucun d'entre nous n'est doué. Les "Summiters" espagnols qui ont précédé les Russes taquinent Anatoli et Wladimir. Les ficelles sont trop grosses. Elles tendent des pièges qui permettent de s'assurer de la véracité des dires. Anatoli ne se démonte pas. Il interrompt ses chants, convient qu'il faisait froid. Le pouce de sa main gauche en porte les stigmates. Une zone de peau sombre, comme brûlée, parle pour lui. Mais ses doigts courent sur les cordes de la guitare insensible. Au sommet, ils n'ont rien pu voir. Sinon un amas de drapeaux de prières et de cordes mêlées, qui entourent un pieu d'aluminium. « Tu as vu la bouteille d'oxygène verte ? » glisse malicieusement un des Espagnols ! À son air entendu, je sens qu'il veut piéger le grand Russe. Ce dernier saisit un gobelet de vodka, la porte à ses lèvres, engloutit sans sourciller l'eau de feu puis se met à fouiller sa veste. « Je n'ai pas vu de bouteille, mais j'ai trouvé ça, accroché à un drapeau de prière. »

Anatoli présente son poing fermé au visage de l'Espagnol. Grand silence dans la tente. Il l'ouvre. Un crucifix en or, sur une chaîne, brille dans la grosse main du Kazakh. Un Espagnol bondit sur l'objet. Il avait déposé cette petite croix, un souvenir de sa mère, au sommet. La preuve est faite. On peut désormais boire, hurler, rire. Les Russes ont fait le sommet. Il peut sembler étrange que les alpinistes jouent à ce jeu de la vérité. Les sommets portent les preuves de l'épreuve. Je connais certains qui ont posé à la cime, un objectif photo, un papier avec un mot, une bague, une balle de golf, un ours en peluche, une médaille de Mao, une mèche de cheveux, une photo de leur femme, de leurs enfants ; cela tient de l'offrande. On ne peut oublier que les vainqueurs de l'Everest Hillary et Tenzing firent de même, laissant quelques bonbons, du chocolat. À la fois pour remercier la montagne, et manifester la présence. Lui donner une matérialité. Le rite de la photo entre dans ce cadre. Il n'intervient pas seulement par vocation à rapporter de l'image. C'est un rituel nécessaire qui permet d'affirmer la vérité du sommet. On comprend l'importance que revêt la recherche de l'appareil photo d'Irvine et Mallory, les deux pionniers disparus en 1924 sur l'arête nord de la montagne. La clé d'un mystère est là, peut-être, dans un cliché qui parlerait pour les morts, et les montrerait glorieux et épuisés à la cime du toit du monde. La parole n'a jamais suffi, car les alpinistes savent intimement que la parole est humaine. Simplement humaine. Dire n'est pas démontrer. Il m'est arrivé très proche du sommet qu'un sherpa me propose ce deal étrange : « Si tu veux, on s'arrête ici, et ce sera le sommet, et pour toi je ne te demanderai pas d'argent, tu sais je l'ai fait plusieurs fois, beaucoup ont acquis leur sommet ici. » J'ai regardé le sherpa et j'ai ri. Mentir ? Mentir pour un sommet, pour quelque chose qui n'a que le sens que je lui donne ? « Merci Nawang. Mais ça n'est pas mon histoire. » Oui j'aurais pu, ce jour-là, redescendre au camp et dire « ça y est, c'est dans la poche ». Et peu de gens m'auraient soupçonné. J'aurais même pu raconter le sommet, le décrire, affirmer ma joie, et qui sait ? la vivre.

Plus simple pour moi, ce mensonge. Il m'aurait évité de répondre à cette question cent fois posée : « Mais pourquoi tu t'es arrêté à cinquante mètres ? » À cette interrogation, qui remue en moi l'échec, je ne sais que répondre. Au fond, ces cinquante grands mètres oubliés m'ont peut-être bâti, plus que détruit. J'ose penser que l'échec m'a fait approcher de l'humilité. Mais cela n'est pas certain. Où se rendre pour la vivre ? Pas sur cette montagne. Pas sur le toit du monde.

La onzième nuit du col Sud

La nourriture obsède. Combien de discussions ont eu lieu entre himalayistes à propos de bons petits plats ? On peut toujours remettre cela sur le compte de l'altitude, et croire avec les médecins que la sensibilité du goût s'exacerbe, que le sucré, le salé, l'amer, l'acide sont perçus avec une telle acuité que tout excès devient intolérable. On rêve tant, là-haut, de s'offrir des salades, du pain, du fromage, des mets simples. On en rêve tant que cela obsède. Dans mes petits carnets himalayens où je note scrupuleusement les faits et gestes des jours d'altitude, je peux constater la présence de cette obsession. Je note chaque repas, je tiens compte de chaque "gâterie" égoïstement dégustée dans ma tente, loin de la convoitise des autres. Et parmi tout ce que je transporte jusqu'au camp de base, il est une chose qui me tient à cœur : une toute petite cafetière italienne au corps boursouflé qui me permet de sacrifier au rite du café. Je tiens cette cafetière en haute estime, elle me rassure à hauteur des sachets de médicaments classés par pathologie. Le 13 octobre 1992 je l'avais montée avec moi jusqu'au col Sud. Cette ascension n'était qu'un geste désespéré. Il est difficile d'imaginer atteindre trois fois 8 000 mètres en dix jours de temps, avoir approché le sommet et posséder l'énergie suffisante pour tenter une nouvelle fois la gloire. Et pourtant ? En gravissant ces pentes interminables sous le Lhotse, j'avais le sentiment de solder un compte avec l'Everest. On ne pourrait me reprocher de n'avoir pas "tout fait". Mon œil, partiellement gelé, avait retrouvé un fonctionnement presque normal. Seul un point noir entrait dans mon champ de vision. Je toussais, j'avais les poumons qui me brûlaient, et dans ma tête régnait une confusion de kaléidoscope. Suffisait de secouer, et le paysage, comme les émotions, se transformait. Je n'avais de cesse d'avancer pour atteindre les tentes, où là je verrais si je disposais d'assez de neurones pour mettre en œuvre ma cafetière. Il n'était plus question de survie, de sommet, de risques, de vie ou de mort, simplement d'un café. D'un bon café. Et n'en parlons plus. J'en aurais terminé dignement. La femme de mes rêves m'attendait, proche de l'Everest. Dans trois ou quatre jours je pourrais la rejoindre ; quelle fête du corps en perspective ! Je montais en vivant cette scène, je l'imaginais se déshabiller, j'attendais ce moment délicieux, juste voir ses fesses ; me jeter dessus, puis je revenais au café. Au café de tout à l'heure. Invariablement. Et les baisers de mon aimée, et sa chaleur, et la douceur de ses jambes, ne pouvaient occuper mon esprit frigorifié en face de ce café sensuel, qui tout à l'heure coulerait dans mon gobelet de plastique. Dans ces dispositions, nulle souffrance, nul doute, ne m'ont atteint. Le camp arriva au-devant de moi sans m'arracher de pas violents, à peine quelques crachats de glaires ensanglantées. Je fondis littéralement dans la tente, la faiblesse me gagnait. Et les pleurs. J'étais au plus mal. J'étais obsédé à l'idée qu'un de nous répète ce geste auquel un autre avait cédé un jour précédent. Le pauvre était persuadé qu'un homme lui faisait signe près des rochers en contrebas. Il avait eu le courage d'avancer jusqu'à lui et là il avait vu. Il avait vu la mort debout. L'homme attendait là, dans ses habits chauds, depuis des mois. Momie froide au regard vide, comme étonné de recevoir une visite. Dans cette tente, où nous étions quatre, assis, la tête penchée sur notre vide, dans l'incapacité de se parler, cette idée m'angoissait. « Par pitié n'allez pas déranger la mort. Ma femme aimée m'attend, là-bas, tout en bas, où coulent les rivières, où paissent les yacks. Par pitié elle m'attend ; nous allons nous mêler, nous lécher, nous aimer, nous baiser. Par pitié. » Mais personne ce jour-là n'eut le courage de répondre aux signes trompeurs de la mort. Personne. Nous n'étions que quatre hommes vaincus, dans les mains de la déesse-mère, attendant le matin qu'elle nous libère. Qu'elle nous dise : « C'est fini, mes petits amoureux, il est temps de fuir vers la vie. » Oui je crois que nous pensions tous cela. J'ai pris un morceau de glace dans l'abside, je l'ai cassé à coups de piolet et chaque éclat est venu garnir la casserole d'alu. Le gaz ronronnait, crachotait, mais les glaçons fondaient en eau. Il fallut une grande tranche de vie pour bouillir l'eau avec ses résidus de repas précédents. Alors, j'ai réussi à tasser le café dans le filtre, vider une partie du récipient dans le corps rond de ma cafetière, et j'ai reposé le tout sur le réchaud. Je voulais très exactement entendre le léger sifflement du café, et imaginer son odeur (à cette altitude, 7 980 mètres, les odeurs sont virtuelles). Le liquide a coulé, épais, déjà froid avant d'atteindre le gobelet. J'ai fait circuler la boisson. Chacun faisait mine de déguster, d'apprécier, en d'autres temps, en d'autres lieux cela s'appelle une communion. Phurba avait ouvert un lumogaz, persuadé que l'éclairage violent atténuerait le froid et, qui sait, éloignerait de nous les fantômes de la bonne quinzaine de corps qui gisaient autour. Le café bu, personne n'eut le courage de poursuivre le travail de fonte. Chacun, isolé, dans son habit de chaleur, évitait de disperser des calories, chacun se préparait à la longue nuit inutile. Chacun se projetait ailleurs, dans les vallées trop douces de la vraie vie, là où des contractuelles glissent des P.V. sur les pare-brise des voitures. Ah la vraie vie ! Puis, l'un de nous a dit « je voudrais m'étendre, je peux poser ma tête sur ton ventre ? » Ah, la vraie vie.

Cinq cents dollars pour voler en pleine mousson

Tendi rêvait en douce d'être "pilote". Ce jeune sherpa qui avait lavé la vaisselle dans des refuges des Alpes n'était plus l'homme timide que des randonneurs avaient croisé çà et là, un tablier ceint sur les reins devant la plonge d'une cuisine. Dans son bureau de Katmandou, le sherpa au corps maigre portait costume et cravate. Il y avait de la revanche dans sa richesse. Mais jamais, au grand jamais, Tendi n'avait l'arrogance d'un nouveau riche. Il parlait de ses montagnes, de son village, de sa mère. Il parlait de la vie simple, avec humour, et toujours une chique de tabac mentholée coincée sous la lèvre inférieure. Petit frère de Sonam et Tséring, marié à une Sherpani par devoir, Tendi était d'abord le premier à endosser une veste polaire et accompagner les découvreurs d'Himalaya. Quand il m'a invité à effectuer le pèlerinage du mont Kailas "La Kora", j'ai apprécié, au-delà du cadeau incroyable, de partager avec lui et sa famille cette rencontre avec le divin incarné dans un dôme de neige, en plein Tibet. Notre projet prit corps fin avril 1993. Katmandou était déjà une autre ville. Des investisseurs indiens avaient inondé la cité de taxis, et dans le quartier touristique de Thamel venaient de fleurir de nouveaux commerces : des boutiques de téléphones et fax. Ouvertes tard dans la nuit, on pouvait téléphoner à l'autre bout du monde, surveillé par le chronomètre d'un gros réveille-matin. Les roupies népalaises pouvaient encore se changer au marché noir. On possédait ses propres réseaux, ou bien on répondait présent aux innombrables trafiquants qui vous abordaient dans la rue en dévidant la litanie traditionnelle : « Change dollars, sir ? Smoke ? Very good one ? » L'échange des dollars contre les billets népalais s'effectuait dans l'arrière-boutique d'un magasin de tapis ou de bibelots en cuivre. Je passais ma soirée à l'*Amber*, ce restaurant indien où de riches Tibétaines en exil viennent s'encanailler en écoutant des groupes de variétés, une bière à la main. Ce petit restaurant, mal éclairé, pas très net, rameute les amateurs de montagne. Je croisais là les jumeaux Burgess, des Britanniques versés dans les 8 000, qui prenaient des forces à Katmandou avant d'aller se geler sur les pentes du K2, côté chinois.

Mon réveil le lendemain fut laborieux. Nous avions terminé la soirée avec Tendi dans la salle enfumée et baroque du casino du *Yack n'Yeti*. J'avais dû gagner mille roupies au black jack et bu presque autant avec des hôtesses aux jupes fendues et dont les yeux brillaient à la seule évocation du mot “dollar”. En me regardant devant la glace, fatigué du voyage, de la nuit et de la bière, j'ai vu que le bonhomme mal rasé, face à moi, avait bien besoin de s'incliner devant le diamant des neiges. J'avais réellement accepté cette invitation dans l'espoir de renaître, j'imaginais vivre une épreuve initiatique. Oui, au coin du sentier, je rencontrerais bien une divinité qui d'un coup de baguette magique changera ma vie. Comme si “être meilleur” s'apparentait à changer de costume. Il existait deux risques au sein de cette démarche : qu'elle réussisse ou qu'elle échoue. J'avais le choix entre ne plus être moi-même ou devenir simplement déçu.

Ce voyage me permettait de vivre aussi deux premières : aller au Tibet sans le prétexte d'un sommet (encore que rencontrer Dieu !), entrer au Tibet en venant à pied de l'ouest du Népal.

Au matin du départ, Tendi me confia une bouteille de whisky Lagavulin pour les jours sans ; il devait nous accompagner en avion jusqu'au petit aéroport de Simikot. Le Twin-Otter ne volait pas directement jusqu'à notre village de l'ouest. Il faisait escale à Népalgunj, près de la frontière indienne. De saut de puce en saut de puce, nous arrivâmes en une heure vingt-six minutes de vol dans une zone terriblement plate, à perte de vue ce n'était qu'un quadrillage de parcelles de terre sèche séparées par des levées de terre. Quelques arbres isolés parfois couverts de fleurs bleues, pareils à des bouquets perdus. Népalgunj c'était déjà l'Inde, avec ses chaleurs, et ses souffles de vent poussiéreux dans les rues. Nous faisions halte dans un hôtel caché sous la verdure : le *Sheena*. De gros lézards couleur de sable guettaient immobiles au plafond des chambres. Dans la cité, sous des pipals gigantesques, des femmes cuisaient par trente degrés à l'ombre des beignets dans une huile noire. Partout des petites charrettes tirées par un seul cheval, et partout à l'heure du crépuscule, des chauves-souris. Notre escale prit un tour inattendu lorsque Tendi s'aperçut que nos volumineux visas chinois (une pleine page de passeport) acquis à Paris n'auraient aucune chance d'impressionner les douaniers chinois, qu'il faudrait bien rencontrer un jour où l'autre. Il régla l'affaire en trois coups de fil. Une voiture et deux chauffeurs se relaieraient dans la nuit pour apporter de Katmandou des papiers plus opérants.

Ma nuit fut agitée, sans cesse rythmée par les pales d'un vieux ventilateur. Je pense évidemment à celles que j'ai laissées en France. Deux femmes dont je me refuse d'écrire les prénoms dans mon carnet. Me laissant le doute, quant à celle que je veux serrer dans mes bras, cette nuit même, à Népalgunj. Dans la chambre d'à côté j'entends rire des hôtesses de la Necon Air.

Tendi était inquiet à quatre heures du matin. Il plaçait sa chique, nerveusement, délaissant l'omelette et les tranches de tomates sucrées du petit déjeuner. La jeep avec les nouveaux visas n'avait pas fait surface, il s'était mis à pleuvoir si fort que les saris des femmes se collaient à leur peau. La pluie était chaude, elle sentait la terre, parfois la pourriture. Nous étions à l'aéroport, assis sur nos sacs, un chien épileptique tremblait de toute sa maigreur. De toute façon l'avion ne pouvait voler. Un ciel épais comme de la tourbe clouait au sol la petite flotte de Twin-Otter. Juste attendre. Attendre la jeep, la fin de la pluie, le bon vouloir des dieux et des hommes.

Ce fut la jeep qui, au jeu des surprises, l'emporta. De son habitacle sortirent trois sherpas, visiblement défaits, mais les visas dans la main. L'avion, lui, ne bronchait pas, sous ses ailes, un groupe de corbeaux avait trouvé refuge, et les pilotes fumaient, énervés, impatients d'en terminer avec leur virée dans l'ouest et de retrouver la vie "civilisée" de Katmandou. C'est en découvrant le groupe de pilotes que Tendi récupéra le sourire : « J'en connais un. » Ni une, ni deux, il se leva, décidé, prit l'homme par les épaules, l'entraîna au bar, et entama une discussion plutôt vive. Je soupçonnais Tendi de modifier la météo. Quand il revint, il était victorieux. « C'est bon on débarque ! – Et pour la pluie ? – Avec des dollars, on peut toujours voler ! » Délesté de quelques billets, Tendi nous ouvrit les portes de l'avion.

Outre la fine équipe du Kailas, il y avait deux commerçantes tibétaines, heureuses de l'aubaine. J'étais personnellement dubitatif quant à la possibilité de voler puis d'atterrir sur un mouchoir de poche boueux à peine visible dans son écrin de montagne. L'avion décolla pourtant, et très haut dans le ciel, il ne put percer la couche. À ce moment délicat, le pilote effectua un demi-tour complet et plongea vers la vallée. « No possible Sir. » Sauf que… à quelques centaines de mètres du sol, nous pûmes voir une rivière. Le pilote connaissait. Il se mit simplement à la suivre comme un vulgaire radeau, et nous nous posâmes à Simikot. Le dieu dollars n'est pas qu'un tocard. L'avion dut rester cinq jours sur place, et nous, à pied, nous n'avions plus qu'à poursuivre des sentiers divins jusqu'à la porte du Tibet. Tendi mourra en hélicoptère un jour de grand beau temps, six ans plus tard. Il rapatriait un cadavre.

« Le Kailas m'a tuer »

Nous avions rejoint la frontière chinoise après quelques beaux jours de marche à l'abri des forêts de pins. Les villages bothias nous accueillaient avec une aimable indifférence. Nous campions parfois sur le toit plat des maisons, on y accédait par des échelles de simples troncs taillés d'encoches. D'autres fois nous posions nos bivouacs à l'abri des murs de sacs de sel. Dans cette vallée, quelques Tibétains assurent encore le transport du sel à dos de chèvres. Les petits animaux ont un bât minuscule sur lequel sont accrochés deux coussins de cuir noir, qui contiennent la précieuse marchandise. Chaque soir, ils débarrassent leurs étranges bêtes de somme et bâtissent des pyramides de coussins noirs. C'est avec ces gens, qui ne possédaient guère qu'une quenouille, un tube en cuivre pour le tabac, une gourde, que je me sentais le plus proche du Tibet sacré. Au bord de la rivière Karnali, les paysages s'ouvraient sur des clairières étonnantes : grand champ d'abricotiers, ou hautes herbes du chanvre, entêtantes. Plus nous avancions vers le Tibet, plus le paysage perdait ses luxuriances. Il n'y eut bientôt que des pierres, des lézards aux pattes bleutées, et de loin en loin des amas de crânes de yacks. Nous avons franchi le Naraya-La, un col à 4580 mètres, le 3 mai, en plein soleil, saluant les dieux en criant "La gyalo" devant les inévitables drapeaux de prières. Une pente raide, encore enneigée, descendait jusqu'à la Karnali. Un pont de lattes de bois l'enjambait et là, sur la rive gauche, une borne de béton marquait l'entrée en territoire chinois. Le village était une merveille d'architecture, et de quiétude. De larges maisons plates, peintes en blanc, ornées de buissons de genévriers sur les murs. C'est à cet endroit que j'ai pris mal pour la première fois. L'écriture dans mes carnets tremble, je parle de fièvre, d'aspirine, d'antibiotique. Je parle de cette photo de ma femme nue, que je pose sur le lit de ma chambre de Sher. Une chambre aux murs rouges; depuis la fenêtre j'entends les enfants qui vont à la corvée d'eau. Cette fièvre qui me brûle toute la nuit m'empoisonne. Au déjeuner, des œufs brouillés, Tséring nous a rejoints avec son 4x4. Nous nous entassons dans le Land Cruiser et vogue jusqu'à la prochaine gompa. Pour la première fois, dans un monastère dont on dit qu'il est vieux de neuf cents ans, je verrais des animaux empaillés. Ils sont suspendus au plafond et le visage couvert d'un masque. Ils tiennent en l'air pareils à des lustres : le lustre-loup, le lustre-tigre, le lustre-léopard des neiges, et près d'un Bouddha au regard de feu, un "dong", l'ancêtre du yack, véritable monstre à cornes, perd sa bourre poussiéreuse. Du monastère nous allons à Taklakot (alias Purang) où une garnison chinoise gère un hôtel. Ils sont peut-être deux ou trois cents militaires, débraillés, passant leur temps à attendre les vivres qui viennent de Lhassa, et tirer les gazelles ou les lièvres qui pullulent dans le grand désert. De l'ancienne cité creusée à flanc des falaises, je dois avouer que je n'ai aucun souvenir. J'ai noté des fresques détruites, j'en ai dessiné certaines; tout est en ruine. C'est ici dans ces caves troglodytes qu'avait été emprisonné un espion britannique capturé en 1955 près de Gurla Mandata. Sydney Wignall avait passé plusieurs mois dans une cellule où il faisait tourner en bourrique ses geôliers, avant d'être relâché en plein hiver dans la nature. Je me souviens plutôt de ce marché, au pied de la cité, dans le lit d'un fleuve asséché, avec des billards branlants posés sur les galets. La route nous entraîna vers le lac Manasarovar. Nous suivions sur la ligne d'horizon la belle et grande montagne du Gurla. Au monastère de Chiu Gompa, bâti sur des rochers rouges, tout proche du grand lac, je fus saisi par l'odeur de sel, d'algue pétrifiée. J'ai marché dans la vase, le Kailas en ligne de mire. J'ai fait comme tous les pèlerins, je me suis arrosé des eaux bienfaisantes et puantes. Puis j'ai gratté le sol pour trouver la pépite d'or mythique dont la légende affirme qu'elle est de la taille d'un chien. Puis ce fut Darchen, dernière halte avant le pèlerinage. Un groupe de maisons sales, en béton, un portail dominé par le drapeau rouge, des chiens qui traînent leur misère, des débris de verre, l'odeur des latrines. Et cette lumière qui transforme tout en diamant, même la boue la plus sale. J'ai croisé les premiers pèlerins qui viennent d'accomplir la Kora. En une seule journée ils effectuent cinquante et un kilomètres dans les montagnes, franchissant le Dolma La à 5 600 mètres. Ils sont deux, le regard fatigué et si heureux. La jeune fille s'est enduite le visage de noir de fumée pour supporter la brûlure des neiges. Le jeune homme fume une cigarette chinoise, ses bottes en feutre sont trempées. Et moi demain ? Pourrais-je connaître cette joie ? Des chutes de neiges, pareilles à des giboulées, ont rythmé notre première journée de Kora. Le sentier nous a conduits à un enchevêtrement de ruisseaux gelés à 5 040 mètres, au pied du monastère de Diraphuk où le saint Milarepa médita en son temps.

Nous couchions à même le sol de béton avec quelques sadhus. Le vent du sud secouait la porte. Le responsable du lodge passait son temps à écouter une radio au son médiocre. Au mur, juste au-dessus de son lit, étaient épinglées des photos de golfeuses chinoises. La nuit fut agitée, la pleine lune s'était levée, et les étoiles semblaient se poser sur la montagne. À cinq heures du matin, nous nous mîmes en route vers le haut. J'étais dans une forme éblouissante, anormale. Je courais de pierre en pierre, trop joyeux d'arriver à ce col où j'allais déposer ma vie passée. Me désencombrer. Renaître. À quelques mètres du col, je me suis arrêté. Comme touché par une immense lassitude. Je me suis assis sur une de ces pierres noires encore couvertes de givre. Le soleil bas projetait mon ombre démesurée face au Kailas. La montagne m'apparut comme un être ridé. Un visage qui pleurait sur lui-même. J'ai d'abord cru à une hypoglycémie. Je me suis mis à boire, et j'ai engouffré ma réserve de chocolat. Rien n'y a fait. Toute tentation de reprendre la route se soldait par une sorte d'évanouissement. C'est alors que j'ai songé à l'œdème. Et c'est alors que j'ai eu peur, très peur. J'ai demandé au sherpa, Gyalbu, de m'aider à revenir sur mes pas. Je me suis appuyé sur son épaule. Le Kailas ne pleurait plus. Sa face nord n'était qu'un lit froissé, où fleurissaient des coulées de glace. Je croisais les pèlerins qui montaient, insouciants, les pieds dans la neige, marmonnant des mantras, amusés de voir un étranger en veste duvet, le visage halluciné par la fièvre. Plus nous avancions, plus je voyais ma dernière heure arriver. Quelque chose souriait en moi, l'image du vieil Indien de *Little Big Man*. Celui qui ne cesse de dire « C'est un beau jour pour mourir » et qui ne meurt jamais. Alors oui « C'est un beau jour pour mourir ». Je me suis allongé au soleil dans l'herbe piquante, près de la rivière en plein dégel.

J'ai écrit mon testament sur une des feuilles de mon carnet. J'ai attendu, immobile, heureux du paysage. Il s'est écoulé quelques heures de silence, pendant lesquelles je buvais du thé que les pèlerins venaient m'apporter par pure compassion. Personne ne pouvait m'aider, j'étais moi-même mon meilleur ennemi. Incapable de construire autre chose que cette pseudo-défaite. Le vent du beau temps m'a fait me lever. J'ai glissé à Gyalbu « ça n'est pas l'heure ». Et j'ai marché vers la sortie, presque déçu, ça avait l'air si facile. Nous avons trouvé à l'entrée de la vallée un camion, trois roses rouges en plastique poussiéreuses, derrière le pare-brise. Le chauffeur dormait. Il a daigné me conduire jusqu'à Darchen.

À Darchen, parce qu'il faisait chaud, dans la pièce où une Tibétaine venait de m'inviter, j'ai retrouvé la perversité de la peur. Couché dans son lit, bordé, j'ai bu l'infusion qu'elle avait préparée. Il devait faire nuit quand une femme m'a posé la main sur le front. Une trekkeuse allemande qui m'a fait comprendre qu'elle était médecin. Tséring était à ses côtés, souriant discrètement, comme s'il venait de me jouer un bon tour. J'ai levé les yeux vers cette fille dont la chevelure était liée en une seule tresse et j'ai murmuré « le Kailas m'a tuer » en pouffant. Elle a pris mon pouls, a hoché la tête, puis elle eut cette phrase assassine « Peut-être vous êtes trop vieux pour l'altitude ». Je n'ai même pas osé lui dire que l'an dernier encore, j'étais sur l'Everest. Et que demain... Vieux ? Le pire c'est qu'elle avait peut-être raison. J'ai remballé mes injures, essayé de lui montrer que sous le visage mal rasé et fiévreux, se cachait un de ces héros auprès duquel Milarepa faisait petit joueur. La grande fille n'a pas bronché, elle m'a donné une pomme, m'a conseillé de continuer l'aspirine et de descendre le plus vite possible.

Descendre ? J'ai fait mes calculs : pour atteindre une altitude normale, il fallait au minimum quatre ou cinq jours de jeep. J'ai terminé ce périple à Shigatse (3 800 mètres) dans une chambre d'hôtel, une perfusion dans la veine, et un médecin militaire chinois hilare devant mon électrocardiogramme. « No die. » C'est tout ce qu'il savait dire. N'empêche. C'est plus tard, bien plus tard, qu'un ami m'a confié cette sentence tibétaine : « Faire la Kora c'est bien, tomber malade pendant la Kora c'est mieux, et mourir là-bas, c'est le rêve. » Je n'étais qu'au milieu du chemin.

Fitness Club à Katmandou

Ce devait être près de la fin d'août cette année-là. Je ne savais où aller en vacances, ni que faire. Machinalement j'avais préparé un sac d'expédition, je m'étais décidé pour l'Himalaya, une fois de plus. La nouveauté : j'allais là-bas sans but précis, avec la vague idée de me greffer sur le premier groupe qui partirait pour un 8000. Les copains m'ont organisé un dîner d'au revoir; puis je suis parti, l'esprit vide, persuadé que je pensais juste. Et que ce simple phénomène était déjà de l'action. Une bonne action. Une fois de plus Tséring m'a repêché à l'aéroport de Katmandou, il n'avait pas même omis le collier de fleurs pour fêter cette arrivée impromptue. Je logeais chez son frère Sonam, un peu à l'écart du centre-ville. La villa de briques rouges, ornée de symboles tibétains, me semblait un paradis à l'écart du flot de voitures. Entre les blockhaus de l'ambassade de l'ex-U.R.S.S. et le palais clos de l'ambassade de Chine, il régnait un calme inhabituel, anormal. Mon premier soir se déroula sans surprise. Nous partagions suffisamment de connaissances pour nous distraire du sujet de ma venue. Il fallut tout de même arriver à ce point critique. Si ma mémoire est bonne, le dialogue exact tint en ces deux phrases : « Tu

sais, j'ai pas d'argent mais je partirai bien sur un 8 000 ?
– Pour l'argent on verra, mais si tu veux partir, tu décolles après-demain pour le Cho Oyu. » J'avais imaginé pas mal de problèmes, mais pas exactement celui de voir mon rêve aussi promptement réalisable. Après-demain ? C'était rapide, sans appel. Et puis Tséring m'a regardé, un peu inquiet de ma "non réponse". « Ça te va Jean-Mi ? – Oui, j'ai dit, on peut pas faire mieux. » Il m'a rempli une nouvelle fois la tasse de thé, a attendu quelques secondes, s'est levé puis a ajouté : « Je te propose ça mais t'es pas obligé. Si tu as autre chose à faire, tu peux rester ici. Les montagnes ne bougent pas ! »

Le premier soir, j'ai passé une drôle de nuit. Je pouvais partir en expédition, comme ça, sans rien. Et quelque chose coinçait. Comme si la facilité n'était pas de mise en ce domaine. J'avais trop payé jusqu'alors, j'en avais trop bavé. Le matin je déjeunais avec la belle Anita, l'épouse manang de Sonam ; elle me questionna sur mon départ, elle semblait inquiète. « C'est dangereux, Jean-Mi, trop dangereux. » Je la quittais pour me rendre au bureau de Sonam, le frère aîné de Tséring ; un petit taxi, et me voilà plongé dans la turpitude motorisée de Katmandou. Le gymkhana était complexe, d'autant que ce jour les Népalais s'étaient obstinés à rajouter des buffles sur le Ring-Road en plus du reste. Derrière son bureau Sonam lisait le *Rising Népal*. À peine étais-je assis qu'il commanda deux cafés au lait, puis me touchant l'épaule : « Tu as réfléchi ? » J'ai répondu oui. Alors il eut ce commentaire, avant que je ne livre l'état de mes réflexions : « T'es pas prêt, Jean-Mi. T'as autre chose à faire, je ne sais pas ce que c'est, mais tu es ici chez toi, et cela est important. » Je n'étais même pas décontenancé, après tout c'était le Népal. La phrase m'est venue comme dans un rêve : « Je suis venu écrire un livre. » Sonam m'a dit : « Aujourd'hui c'est mieux que le Cho Oyu. » Ainsi fut dit et fait. Je m'installais tous les matins dans la cuisine de la maison. Anita avait deux personnes à son service, Mira et Tek Bahadur. J'aimais cette cuisine, avec sa grande table vernissée, et les odeurs de curry et de riz chaud qui occupaient toute la pièce. J'étais allé acheter du papier dans une petite boutique du coin, et dès sept heures du matin, après le café, je prenais mon stylo et noircissais les pages de mon futur roman. La radio diffusait de la musique indienne et Anita, de temps en temps, se penchait sur moi. « Un jour j'apprendrai le français pour te lire. » Je vivais ainsi dans une sorte de paresse inavouable. Tek Bahadur me ramenait des cigarettes et Mira m'interrompait parfois pour me proposer du café. À midi et le soir je dînais avec la famille, les enfants de Sonam m'apprenaient des rudiments du népalais, en échange il m'arrivait de confectionner de gros gâteaux au chocolat. Mon récit me conduisait à l'Everest. C'était en quelque sorte ma cinquième expédition sur le toit du monde. Je n'avais ni froid, ni mal, simplement, plus j'approchais de la cime, plus j'angoissais, plus je maigrissais. Je n'osais même plus téléphoner en France. Anita perçut ce drôle d'état. Elle insista pour que je parte désormais chaque soir avec elle dans Katmandou. Nous allions ainsi voir sa famille, ou chercher d'improbables fournitures dans des magasins qui m'étaient inconnus. Nous étions les rois du taxi, et grâce à elle, j'avais acquis ce je ne sais quoi de népalais qui m'ôtait toute qualité de touriste. Nous parlions beaucoup. Anita qui me savait célibataire me dit un soir : « I manage for you » et il est vrai que le lendemain, elle avait invité quelques-unes de ses belles amies en quête de l'âme-sœur. À table, Anita se penchait vers moi, et murmurait « tu vois Jean-Mi, c'est elle qu'il te faut, elle est très gentille ! ». Pour parfaire ma nouvelle vie de résident à

Katmandou je m'étais aussi inscrit sous l'impulsion de Sonam dans un club de gymnastique. « T'écris trop, faut que tu bouges ! » Le club se nommait *Banus Fitness Club*. J'avais négocié un abonnement, et tous les jours je m'installais au milieu de Népalais et de Népalaises body-buildés pour me refaire une santé. Je produisais entre dix et vingt-cinq pages chaque jour, selon l'élan. Et la difficulté de l'ascension. Mes joues se creusaient, il m'arrivait d'avoir froid pendant la nuit. C'est au cours de cette expédition que je suis monté à l'Everest. Tout en haut. Pour la première et dernière fois. Mon personnage n'a su redescendre. Derrière le mot fin, il a fallu le secours d'une femme. Elle est venue me chercher à Katmandou ; elle a trouvé un rescapé de camp de base. Et pourtant ce soir-là, Anita m'avait emmené chez le coiffeur, et offert une fausse chemise Lacoste d'un bleu flatteur (elle est comme tes yeux !). Les montagnes ne bougent pas, mais dieu que les hommes courent !

You want more

Pourquoi, écrivant le mot Katmandou, me vient-il des bouffées de nostalgie ? Dans cette ville j'ai pansé bien des plaies. J'ai laissé filer là-bas mes souffrances luxueuses, ce que les bouddhistes nomment "les vues erronées de l'esprit : l'illusion". Je ne saurais pourtant écrire un guide à propos de la capitale himalayenne, tant j'aurais peu de goût à signaler l'importance d'un endroit. La ville est désormais la proie des voitures, de leurs klaxons, de leurs fumées d'échappement. Curieusement, cette agression préméditée n'a pas définitivement bouleversé le pays. Il faut accepter de se promener à pied, un mouchoir sur la bouche (si l'on se sent fragile) et suivre à l'instinct le dédale des rues de la vieille ville. Le flot de touristes occupe principalement les artères de Thamel ; ici sont les bars, les boutiques de bijoux, de tapis, et de matériels de montagne. Ici sont les trafiquants qui proposent le hachisch, l'opium, sans vraiment y croire, plutôt par principe. Ici déambulent les Américaines célibataires, au rire trop voyant, et qui oublient de marchander. Ici l'allure des gens est inimitable. Vous ne pourriez reconnaître votre P.-D.G. Il est pourtant là, au bar de Rum-Doodle, un pantalon de toile bleu trop large et une chemise de couleur safran. Jamais je n'ai vu un endroit où il est à ce point recommandé d'être anticonformiste. Il faut donc suivre ces rues où se presse le monde entier, pour perdre le monde entier et atteindre la cité réelle. Celle des musulmans à la barbe teinte qui tissent des perles multicolores, celle des bouchers dont les étals saignent violemment, celle des ferronniers, des réparateurs de bicyclettes, des vendeurs de poissons séchés, de thé, d'épices de couleur. Tout se vend, tout se porte, à dos d'homme ou de femme. Ces dos tout droits à la santé inaltérable en apparence. On connaît bien Katmandou lorsque l'on peut acheter des oignons frais, encore luisants de pluie, sur la place d'un marché, au pied de la statue d'un lion monstrueux, usé par les fesses qui polissent ses griffes de granit. On connaît bien Katmandou si l'on sait les riz les meilleurs, les tissus aux couleurs les plus solides, et la gargote où mijote en permanence le dhal-bat savamment épicé. On connaît Katmandou quand on peut mâcher des mélanges d'ail et de piment, et qu'on sait aller chez une couturière dont l'atelier est si bas qu'il faut baisser la tête. Il faut aussi accepter le barbier, aux rasoirs douteux, sa révérence à Shiva avant de vous toucher un poil de barbe. Puis vient le massage, ce geste humain, thérapeutique et sensuel dont les barbiers sont si fiers. Vous êtes assis sur un tabouret, et des mains aux doigts lestes caressent, frappent, brossent, malaxent votre tête. Les pouces se posent sur vos paupières, les enfoncent. On connaît Katmandou si l'on s'assoit dans un taxi, qui possède déjà un passager, ce peut être un cadavre que le chauffeur conduit à Pashupatinath; vous vous y rendez aussi. Pourquoi faire la fine bouche? Le fleuve de la vie ne cesse de couler. Il faut découvrir les sadhus qui habitent à Budhanilkantha, qui vous saluent, dans un nuage de fumée, vous tendent leur shilum, ou bien s'installer dans la maison des dévots de Krishna et se laisser bercer par le chant d'une vieillarde qui tambourine ses "Hare Krishna, Hare Rama, Hare". Et puis le soir, près des femmes qui allument des bougies sur le pourtour du temple des singes, il faut encore distinguer dans le ciel orangé les vols des milans, des vautours, et des chauves-souris. Il faut apprendre le furieux aboiement des chiens à la nuit tombée, ces chiens qui dorment du sommeil de la mort tous les jours. Katmandou n'est qu'une ville, avec ses arnaques, ses sourires et ses bagarres. Il se peut que dans le petit box où une jeune masseuse en sari vous relaxe avec le massage à deux cent cinquante roupies intitulé pompeusement sur un programme "after trekking massage", votre émoi soit si présent que la jeune femme vous regarde et vous dise en effectuant avec son bras un mouvement de balancier "you want more, sir ?". Tout n'est pas bon à Katmandou. Mais le pire a de l'allure.

Jamais sans ma fille

Je lui avais promis : « Un jour je t'emmènerai voir le Népal. » Les enfants ont raison de prendre à la lettre ce que disent leurs parents. C'est le meilleur moyen d'approcher la confiance et la défiance. Nos vies sont ainsi tissées de promesses tenues, de promesses bafouées. La réalité s'installe le plus souvent dans cette inexactitude de la parole. Rien de plus fallacieux que cette sentence "chose promise chose due". Et pourtant. Pourtant, à la saison des rhododendrons en fleurs, ma fille était à mes côtés sur les sentiers népalais. Nous marchions vers l'Everest, c'était pour moi une épreuve. J'allais revoir cette montagne sur laquelle je m'étais usé. Usé au point de négliger des enjeux plus essentiels de la vie. Usé parce que les échecs répétés avaient creusé en moi une dépression chronique.

Je n'avais plus aucune compétence envers l'altitude. Depuis que « le Kailas m'a tuer », je n'osais plus penser que mes territoires de rêve sauraient m'accueillir. Mes écritures avaient achevé le cycle du désir de l'Everest, seule subsistait une émotion égoïste : m'avouer que je n'en finirais jamais de désirer ses neiges.

C'est comme ça, le doute en permanence, que je guidais mon enfant là où je ne savais plus mettre de mots.

Sinon des colères, des peurs, des refus. J'avais mal en marchant. J'avais mal de mon incompétence à être simple, à m'amuser du cri des singes et des corneilles mantelées ébouriffées de printemps à la cime des arbres. Au-dessus de Namche Bazar, à Khumjung, en pleine brume, nous avions croisé un groupe de Sherpas qui chantaient. Ils revenaient de funérailles. À leur tête paradait mon vieux copain Tenzi, un cuisinier un peu fou, grand buveur devant l'éternel, sujet à des crises d'épilepsie devant des aliments de couleur rouge. Tenzi était saoul ce jour-là ; cette assemblée de deuil, qui battait tambour, avait un petit côté "science-fiction". Mais de science et de fiction, il ne restait que la conscience alcoolisée d'avoir accompagné "l'autre" aux portes de son dernier voyage. Je ne voulus pas répondre à l'invitation de Tenzi qui proposait de continuer la fête chez lui. La fête de la mort m'effrayait. C'est le lendemain, après avoir quitté le lodge où Dorjee avait cuisiné pour nous des abats de yacks dans une sauce très pimentée, que le brouillard daigna se lever. À la sortie de Namche, sur le sentier qui domine la Dudh Kosi, la rivière de lait, sur le sentier taillé dans une pente impressionnante, il existe un virage qui débouche sur la vue de l'Everest. Je connais ce lieu par cœur. On aperçoit le triangle sommital de la face sud-ouest, noir et massif, qui semble s'envoler de la crête dentelée et infinie du Nuptse et du Lhotse. Quand nous y parvînmes, un groupe de Japonais s'était déjà assis sur une échine d'herbe. Le plus jeune, barbu comme un vieux prêtre zen, jouait de la flûte devant le spectacle de la déesse-mère. J'ai pris ma fille par l'épaule, j'eus l'impression d'être un vieillard, mais elle était heureuse devant cette montagne où son père avait grandi et perdu.

Nous marchâmes trois jours durant jusqu'aux bergeries de Periche, parlant l'un et l'autre de nos chemins si différents.

Periche nous accueillit avec son ciel bas, ses froidures, et ses lodges rustiques. Nous fûmes tous les deux malades, juste avant le col qui domine le village. Sans doute les eaux troubles du monastère de Thyangboche. Nous nous soutenions, essayant diverses médecines censées être radicales. La montée de ce col ressemble pour moi à la longue marche vers le sommet. Quelque chose qui n'a pas vraiment commencé, et qui ne finira jamais. J'avais les mêmes mots que là-haut. Ceux qu'on prononce pour se rassurer : « Encore un effort, on est presque arrivés. Presque. » Jamais nous n'avions connu ensemble ce partage de la faiblesse. Un père c'est toujours devant sa fille. Foutaises. La déesse-mère, 5 000 mètres sur nos têtes, ne cessait de me rire au nez : « Les premiers seront les derniers. » Periche fut notre havre. Des bouses de yacks séchaient sous les bat-flanc où nous dormions. Periche fut aussi notre lutte finale. Si nous cherchions une quelconque réconciliation, elle fleurissait entre les pierres froides de ces maisons. Il en faudra d'autres.

L'Everest d'un père et de sa fille, celui-là, il pousse sur tous les territoires, à toutes les altitudes.

Karaoké à Nyalam

Il s'écoula une année pleine sans que le désir d'Himalaya ne me secoue. Après le pèlerinage à l'Everest avec ma fille, je m'étais retrouvé une confiance neuve en l'altitude. Ça tenait du miracle. Quelques copains, un peu fous, m'avaient suivi pour ces projets d'automne sur la montagne de *Tintin au Tibet* "Shishapangma", que Hergé appelait encore de son vieux nom tibétain : le Gosainthan.

Cette montagne, un petit 8 000 (qui compte ses 8 046 mètres d'altitude), est située en territoire tibétain. C'est le seul 8 000 intégralement tibétain. Il est paradoxalement le sommet le plus proche de Katmandou. C'est le massif que l'on découvre, écrasant, lorsque l'avion se prépare à descendre sur la capitale népalaise. Nous étions six alpinistes tellement différents : le présentateur de la télé, le chômeur, l'ingénieur, le photographe, le guide, l'éleveur d'orchidées, convaincus que nous pourrions avaler cette montagne sans coup férir. Le départ fut l'occasion d'une fête païenne, qui me valut de préparer mon sac à quatre heures du matin. Nous partions à cinq heures. Je n'eus en somme qu'à prendre un de mes bidons de l'Everest, le compléter de quelques boîtes de thon, de chocolat, et marquer au feutre Shishapangma 96 au lieu d'Everest 92.

Tséring nous avait programmé un accès sportif au camp de base, du genre Katmandou-Shishapangma en cinq jours. Plusieurs de mes compagnons étaient novices en altitude, mais l'époque n'était plus à l'inquiétude. Partir, en découdre. Où était le risque? Nous n'avions pas d'oxygène, pas même de ces fameux caissons hyperbarres qui permettent d'enrayer le mal d'altitude. Nous avions des médicaments, achetés à prix fort dans la pharmacie de l'aéroport. Et puis chacun avait emballé le carnet à souche de ses peines, de ses petits bonheurs. Notre mot d'ordre ou de ralliement était "charge la mule!". Nous étions, un peu, des mules. Passée l'ivresse de Katmandou, les premiers kilomètres sur la route de l'amitié nous calmèrent progressivement. La mousson traînait, et les éboulements avaient arraché quelques belles portions de paysage, route comprise. Le premier soir à la frontière dans la rue animée de Kodari, il y eut quelques doutes dans la troupe. La pluie tombait, diluvienne, et aux dires de certains, la neige n'était pas en reste au Tibet. Cette nuit je fis partie de ceux qui utilisaient la bière à usage thérapeutique. Quitte à charger la mule, autant le faire (sans modération) avec le houblon si riche, dit-on, en vitamines.

Nous franchîmes le Pont de l'Amitié, sous la même pluie que la veille. Un camion frigorifique accepta de nous embarquer avec une vingtaine d'autres passagers. Nous étions tous entassés dans le container étanche, sans lumière, et ce fut une partie de rire, comme il s'en trouve peu en Himalaya. Les autres passagers, pour la plupart des passagères, qui avaient commencé dignement le voyage, déchantèrent au premier chaos. En l'espace d'un kilomètre nous étions tous au tapis, couchés sur les sacs, s'agrippant les uns aux autres. Des poitrines généreuses amortissaient nos têtes, et de temps à autre, une Népalaise pas trop effarouchée venait échouer entre nos bras en hurlant de rire. Ce qui était un embarras devint un vrai jeu et à chaque soubresaut du camion la pyramide humaine exultait de rire. Au poste-frontière, les jeunes douaniers chinois, pour qui le rire est à la limite d'un acte délictueux, eurent un soupçon de rictus quand le camion débarqua sa cargaison humaine plus très fraîche malgré la vocation réfrigérante du dit véhicule. Ce shaker roulant nous avait, en revanche, collé une odeur, difficile à évacuer. Pas désagréable, passablement "sui generis". Peut-être était-il un peu trop tôt dans la saison, mais nous étions parmi les premiers étrangers à passer la frontière cet automne. Fidèle au poste, notre interprète attendait, côté Pékin, notre entrée sur le territoire. C'était un jeune Lhassapa, qui arborait une casquette "Nike" et s'intéressait aux prostituées endimanchées qui tapinent dans la boue de Kassa. « Very cheap, my friends. » Pour être "cheap" ça devait. À quoi il ajoutait « but chinese girls are too cold ». Rédhibitoire. On s'est couchés dans des lits sales, d'un hôtel sale, dans une ville sale. Nous-mêmes !

La route de Kassa à Nyalam (premier vrai village tibétain, au bord du plateau à 3 800 mètres) n'eut rien d'une sinécure. Des torrents majestueux déblayaient des pans de forêts, il fallait jouer à saute-mouton dans des véhicules de toutes espèces et traverser en courant de vastes éboulis où les porteurs avaient déjà imaginé, à force de pas, des descentes étroites. Le miracle eut lieu à la sortie des gorges, nous venions de traverser la dernière couche de brume, le ciel et sa lumière emplissaient le monde. Nyalam nous apparut ainsi, comme un bourg paisible au bord de la route. On distinguait le vieux village, aux maisons blanches, et cette allée marchande où des Chinois s'efforçaient de monter de vagues immeubles. Nous logions dans cette unique rue, à l'étage d'un commerçant dont la télévision marchait en permanence. Le son surpuissant atteignait toute la rue : une mélodie de cris, de coups de feu. Les enfants les plus pauvres s'agglutinaient à la porte, la morve au nez. Le paradis lumineux de Nyalam ne tient que le temps de l'éblouissement. Lunettes sur le nez, on se rend compte que les militaires et les commerçants chinois dominent le paysage. Les Tibétains, à l'état de figurants, mendient, attendent, espèrent. Après l'aspirine du soir, nous irons nous aussi mendier quelques miettes de Tibet, en marchant, las et déçus dans ce petit monde sur la route de la frontière. Un karaoké nous ouvrira ses portes. Seuls dans la pièce sombre, où brillent des guirlandes de pacotille, nous regarderons deux Tibétaines danser devant un écran où Madonna se tortille. J'ai peut-être ce jour-là compris le sens de l'indécence. Plus tard des militaires en costume vert sont arrivés, jeunes soldats d'à peine vingt ans, qui aboient pour commander la bière, et dansent des slows entre eux, casquette sur la tête, pour croire encore qu'ils maîtrisent tout d'un pays vidé d'amour.

Allergique à l'aspirine

Le camion nous posa au beau milieu d'une steppe, à 5100 mètres d'altitude. Des nuages avaient débordé la montagne, elle était juste présente, parce qu'ils la dessinaient. Deux tentes blanches semblaient attendre au milieu de nulle part. Elles abritaient l'officier de liaison. Un ancien vainqueur de l'Everest, à qui manquaient plusieurs doigts à la main gauche. L'homme était enjoué, connaisseur d'Himalaya. Il nous accueillit avec attention, presque un petit côté mère-poule. Côté Shishapangma il était en revanche perplexe, la météo n'avait guère été clémente et la neige tapissait la montagne. Nous échangeâmes nos cartes de visite, il nous distribua des pommes de terre encore chaudes et proposa même quelques canettes de Jangli bao, un soda à l'orange, dont certains Tibétains affirment qu'il contient des germes de maladie honteuse. Sur une colline au-dessus des tentes, il y avait les restes d'un bâtiment en dur, jamais fini ou déjà écroulé. Nos yacks devaient arriver le lendemain, et Mister Gondem avait prévu que nous puissions atteindre en deux jours le camp de base. Le vrai, au pied de la montagne à 5600 mètres. Ça n'était pas du luxe. Rien qu'ici, montés beaucoup trop vite, nous avions déjà la tête prise dans l'étau de la misère d'altitude. Il fallait se ménager, accomplir toutes les petites choses de la vie quotidienne avec une économie de gestes. La question n'était pas de savoir si nous avions ou pas mal à la tête, mais quel en était le degré. Les prétendants à l'altitude ont des classifications bien à eux pour décrire la douleur. Parce que cette dernière est incompatible avec leur vocation, ils la minimalisent quand ils ne la traitent simplement par le mépris. J'étais donc plutôt inquiet de voir certains de mes camarades être ainsi passés du stade "léger mal de tête" à celui de "ça ne passe pas comme ça. C'est tenace". Un type qui vous déclare ça à 5 000, vous pouvez être sûr qu'une cocotte-minute lui tient lieu de boîte crânienne, et qu'il aimerait avant tout une valve pour que la surpression douloureuse s'évacue. Je posais les questions d'usage : Appétit ? Somnolence ? Trouble du comportement ? Histoire de montrer que, en l'absence de médecin, ma longue expérience du MAM (le mal aigu des montagnes) servirait de caution sinon de soin. Nous étions normalement malades. Suffisait alors de le savoir, s'étendre au chaud, la tête relevée et lire en somnolant avant le repas du soir et le coucher. Si vous n'aimez pas la paresse, il est inutile d'aller jouer en Himalaya. Après deux jours de ce traitement, assorti de cachets blancs, le devoir nous attendait. Suivre les yacks et nos quatre cents kilos de matériel, destination camp de base. La météo ne cessait d'être imparfaite, le matin du chargement des yacks, il neigeotait. Les yackmen, dépenaillés, ne s'en souciaient pas plus que de leur première chemise (qui ne date pas d'hier !). Ils couraient en tous sens pour se saisir des animaux rétifs, dont le souci consistait à pâturer de vieux trognons de choux éparpillés par le cuisinier chinois. Au premier sifflement, annonciateur de départ, je pris mes amis entre quatre yeux. « Primo, on ne fait pas la course, secondo, le yack dont le cœur bat lentement marche plutôt vite : ne pas les suivre. » Forte de ces conseils la caravane s'ébroua dans le vide caillouteux du plateau. Forts de ces conseils, mes camarades caracolaient en tête du troupeau. À la tombée de la nuit, il neigeait toujours. Nos yacks avaient des pelures de Noël, et les tentes furent montées au mieux à quelques pas d'une rivière. Sur le plan des maux de tête, ceux qui avaient précédé les yacks avaient atteint le stade « ça cogne plutôt fort, t'as pas une aspirine plus efficace ». Le type dit évidemment ces mots avec le sourire entendu de celui à qui on ne le fait pas. Il faut traduire par « on approche de l'œdème cérébral et c'est pas gagné ! ». J'avais lu dans un de ces fameux ouvrages de trekkers au chapitre "petits bobos" qu'on pouvait ingurgiter jusqu'à quatre grammes quotidiens du précieux acide acétyl-salycillique. L'opération nécessitait de bien colmater l'estomac avec du riz et ma foi, les douleurs n'étaient que de mauvais souvenirs. Allez savoir seulement ce que nous avions ingurgité ! Personne n'avait une conscience très précise des médicaments avalés sous le manteau à des points-clé de la journée. On faisait comme si.

La nuit fut rude, froide, longue. Le lendemain, les yacks marchaient en tête. Enfin. Nous, derrière, devisions peu, préoccupés par ce Shishapangma qui venait de déchirer les nuages. « Je ne le voyais pas si gros. » Traduisez par « cette montagne c'est déjà une grosse galère et ça ne va pas s'arranger ». Le moral remonta au beau fixe avec le baromètre, quand, bien des heures plus tard, nous débouchâmes sur la pelouse de mousse du camp de base. Une expédition s'était déjà installée, mais il restait une zone de terrasses où le sol humide proposait de beaux emplacements. Les yackmen libérèrent leurs bêtes, nos sacs tombèrent à terre. Nous étions chez nous, pour un mois. Chacun prit ses bagages, déplia les tentes et se lança dans la construction de son home sweet home. C'est à ce moment, alors que j'allais parfaire le décor intérieur de ma tente avec un bouquet de genévrier ras, qu'un de mes acolytes me somma d'intervenir. Il était debout, la tête penchée vers le haut, d'un mouchoir posé sur son nez s'échappaient de solides filets de sang. Pas le genre "je saigne du nez", plutôt le registre "hémorragie". J'ai assis mon gaillard, la tête penchée, j'ai pris de la neige, tenté le coup de la compresse froide. Ça ne s'arrêtait pas ! J'ai interrogé : « Ça t'arrive souvent ? – Non, juste une fois. – Et comment ça a fini ? – À l'hosto. »

Ce genre de mots, prononcés même avec le nez bouché à 5600 mètres, ça ressemble à un très mauvais coup du sort. L'hôpital, il n'existe pas. Pas ici. Jamais. Les secours, il n'y en a pas. Reste le bon dieu. Et ce sang qui refuse de s'arrêter de couler. Puis dans un éclair de lucidité, le stigmatisé m'a glissé « Et en plus je suis allergique à l'aspirine ». On a fait les calculs. Il avait avalé sept cachets sous des formes diverses, poudre, gélule et comprimé effervescent. J'ai repris de la neige, j'en ai placé sur son visage, son crâne, comme ça par intuition. Pourquoi ça a marché ? Mépriser la douleur, mépriser l'adversité : nos thérapeutiques.

Faudrait penser à monter

Sur le Shishapangma et ses pentes chargées de neige, l'enthousiasme n'était plus celui des jours fastes. Nous avancions et reculions au gré des tempêtes, voués aux travaux pénibles de faire et refaire les traces. Nos tentatives avortaient dans les nuages, la fenêtre attendue refusait de s'ouvrir. Chassés de l'altitude nous passions des jours entiers à tuer le temps en jouant au tarot et en buvant du "milk-tea". Nous tentions d'épuiser toutes les blagues, c'est alors qu'arrivèrent Nando, un Espagnol et sa compagne. Une jolie fille rousse qui avait été patineuse professionnelle. La classe. Sauf qu'elle aimait Nando qui le lui rendait bien. Martha ne devait pas dépasser le camp de base. Son homme se chargeait de la montagne. Elle l'accompagnait. Elle s'inquiétait de lui. Elle fumait sans sourciller ses Camel filtre, engoncée dans une veste duvet trop grande qui nous empêchait de la deviner. Le couple fit cause commune avec nous. Cette présence féminine inattendue nous avait rendu une sorte de dignité. Grâce à elle, nous retrouvions le chemin des femmes, qui n'est pas le chemin du haut. La dernière semaine venait de débuter et il fallait penser à monter. Nous avions payé pour cela. Le montant des royalties pour le sommet s'élevait à près de dix milles dollars US. C'était encore, une fois de plus, une collection de problèmes pour le retour. Les emprunts accumulés, les choses vendues qu'on n'a de cesse de racheter. Je refusais de penser à l'argent, comme si le Shishapangma ne pouvait avoir de lien avec demain, en France, quand je ne saurais même pas régler ma note d'électricité. J'avais cessé d'ouvrir tout courrier provenant des banques, des administrations. De temps à autre des amis bien intentionnés triaient des courriers vieux de quatre ans et tentaient de comprendre mes galères de fric. J'éprouvais une sorte d'impossibilité physique à m'intéresser à l'argent. Il me semble que ce handicap me renvoyait à ma propre incapacité à comprendre le monde normal. Devant le Shishapangma je n'étais pas normal, personne ne l'était. Cette parenthèse d'altitude, de Tibet, de risques et de bonheur simple entretenait l'idée que la vie ne pouvait se réduire à la seule vie normale : la vraie vie. Je me percevais probablement comme une sorte d'ascète, jamais à court d'épreuves, capable d'atteindre la vraie sortie par le haut. Rien que des fautes de goût et des fautes d'orgueil. Martha, qui ne grimpait pas, pouvait parler différemment face à cette montagne. Elle s'appuyait sur ce qu'elle avait quitté, un monde de faux-semblant. Curieusement je ressentais de la tendresse réelle pour le monde d'en bas. Je n'avais aucune compétence pour y vivre, mais plus j'allais en Himalaya, plus je sentais que ma place en bas existait aussi. Toute ma vie d'alors, ma vraie vie ressemblait à un foutoir sans nom. Paradoxalement, ce labyrinthe qui m'était donné en guise d'horizon, ne m'ôtait pas l'espoir d'aboutir. J'avais des rêves d'enfants, de ces rêves où tout un chacun s'essaie : vivre dans l'amour, la sécurité, la sérénité et plus pernicieux, l'éternité. Tout cela, au Shishapangma, m'était donné et bien donné. Chaque matin, devant ma tente ces rêves étaient à ma portée. Peut-être pour cette raison, les alpinistes montent sur les montagnes. L'action inutile, et inutilement belle, les délivre de la contingence. Martha sortait une Camel, m'en offrait une, puis attendait Nando dont les rêves reposaient au camp de base. Quand nous sommes partis pour le sommet, quand nous nous sommes trouvés, à plusieurs, les uns derrière les autres sur une plaque à vent démesurée, je ne cessais de me dire « quelle chance. Il fait beau, je marche ». Ces situations où la mort guette (chose que l'on oublie dans la vie d'en bas) m'ont donné le goût de cet exercice. Chaque matin, où que je sois, dans le bonheur le plus clair ou la douleur la plus sombre, je remercie la vie qui m'a tant donné. Ça doit être judéo-chrétien ?

Au Shishapangma, il était temps de penser à monter.

En guise d'épilogue : notre route de retour portait l'amertume de l'échec, et pourtant ?

Des Chinois avaient décrété les grands travaux des ponts. Entre le camp de base et la frontière, il fallait en franchir pas moins de dix. Plus aucun n'avait de tablier. Les camions et les jeeps traversaient tant bien que mal en pleine eau. Ce fut au troisième bras du fleuve que notre jeep cala au beau milieu des eaux. Il fallut l'abandonner et dans l'eau jusqu'à la poitrine établir une chaîne vers la berge pour évacuer les bagages et le chauffeur. J'ai vu passer devant moi un petit sac à dos rouge, ce jour-là je n'ai pas manqué d'incompétence : je l'ai rattrapé. Il contenait nos papiers, notre fric. Il contenait la vraie vie d'en bas.

La chambre d'une dame au monastère

Je venais de rentrer du Shishapangma, l'esprit vide. Je retrouvais en France mes trahisons et mes bonheurs. Dans la balance de l'équilibre, les douleurs l'emportaient. Il en est ainsi, on pourrait à ces heures-là accuser le monde entier, se trouver des ennemis. On pourrait être victime. La montagne donne ce suprême orgueil de ne jamais être dans ces camps simplistes qui répartissent les êtres en vainqueurs et vaincus. Mes défaites m'appartenaient, j'acceptais qu'elles expriment un choix inconscient de ma part. Qu'elles m'apprennent plus qu'elles ne me prennent. Quinze jours après ce Shishapangma je ne pouvais qu'accepter de fuir une fois de plus au pays de mes rêves. Jean-Christophe fut le bon génie qui m'invita à le suivre dans une histoire un peu folle donc attirante. Dans un premier temps il voulait gravir les 7 260 mètres du Pumori (Népal) en face de l'Everest. Un galop d'essai avant de se reposer à Katmandou pour partir à l'entrée de l'hiver dans une parfaite clandestinité à destination de la face sud du Shishapangma. Je pris donc l'avion fin septembre, mes bagages du Shishapangma n'avaient pas même été défaits. Jean-Christophe et quelques amis étaient déjà sur place. Je devais me retrouver seul pour marcher vers le Pumori et remonter une fois de plus cette vallée du Khumbu au pied de la déesse-mère, mon tendre Everest.

À Roissy, je croisais ceux qui revenaient du Népal, plutôt étonnés de me voir repartir. « T'as la vie belle ? » J'avais la vie belle. Dans l'avion presque vide je discutais avec une famille de Népalais qui revenaient au pays. Un membre de leur famille s'était suicidé à Paris, ils emmenaient le cœur de cet homme pour le brûler à Pashupatinath sur les quais de la Bagmati, au soleil de Shiva. Raï m'attendait à l'aéroport, j'avais amené quelques cadeaux pour la famille : du vin, du jambon, et des parfums de duty-free pour les épouses. Ma première journée consista en un marathon pour racheter tout ce que j'avais oublié en France. C'était important. Depuis mes mains gelées, j'étais obsédé par les gants. Il me fallait trouver une paire de moufles, chaudes, légères et bon marché. Des Autrichiens qui revenaient heureux de la face nord de l'Ama Dablam m'offrirent en pleine liesse ce matériel précieux. Je passais la soirée avec mes frères du Népal, autour d'un dal-bhat somptueux et le lendemain dès six heures du matin, lesté de quelques courriers pour les gens de Namche Bazar, je montais dans un hélicoptère russe à destination de Syangboche. Ce vol un peu particulier me faisait gagner deux à trois heures de marche, je comptais sur mon voyage récent en altitude pour ne pas souffrir d'un accès si rapide.

Syangboche au pied de l'*Himalayan View Hotel*, c'est quatre maisons dans un pré de pierre, une vieille manche à air indique qu'on est bien sur un aéroport, pour peu que les yacks qui pâturent sur la piste daignent s'écarter au moment de l'atterrissage. Mon premier contact est un des employés de l'aéroport. Shri Ram a vingt-trois ans et gagne cent dollars par mois à

Syangboche. C'est lui qui est chargé de me faire connaître un porteur pour le Pumori. Dans la soirée je rencontre Bir Bahadur, avec qui je négocie un tarif de trois cents roupies par jour, plus le gîte et la nourriture. Il me faut aussi lui donner cent roupies pour acheter de la corde. Notre première étape c'est l'inévitable monastère de Thyangboche. Il me faudra trois heures pour rejoindre mon lodge préféré dont l'hôtesse Mingma est une de mes vieilles connaissances. Le lodge est évidemment bondé ; des Australiens, Israéliens, Belges, Allemands, sont tassés autour du poêle et devisent à voix haute. Pas envie de me mêler à eux. Mingma m'installe dans la cuisine, ouvre d'office une bière. Elle tient également boutique où je peux acheter un paquet de cigarettes, quelques fruits au sirop largement périmés. « Jean-Mi tu ne dors pas dans le dortoir, ils sont trop nombreux. Tu t'installes dans ma chambre. » Je crois que je lui ai fait répéter, mais elle a bien proposé ça ! Les quelques Sherpas dans la cuisine se marrent, et me chambrent sur le thème. « Elle va te manger ! » Je monte l'escalier, derrière la dame du monastère, elle me montre un bat-flanc, recouvert d'une couette chinoise rose. J'ai beau montrer mon duvet ; c'est là dans son lit que je dois m'installer. La suite est moins romantique, à la lueur de la bougie j'ai aperçu Mingma défaire ses chaussures, déplier une couverture sur le sol, s'y étendre. En deux minutes elle ronflait du sommeil des justes. Moi, pas tout à fait. Le lendemain, nous étions à Pheriche, J'enregistrais une cassette pour ma fille, espérant bien trouver le Français qui pourrait la lui poster en France.

Arrivé tôt, j'en profite pour aller voir les médecins américains, et vérifier que ma "saturation d'oxygène" est bonne. Ils disposent d'un outil magique, une sorte de pince qu'on pose sur le doigt et qui décèle si vous êtes “aptes” à aller plus haut. La toubib est effrayée quand elle apprend que je suis dans la vallée depuis deux jours seulement. Elle me décrit les affres de l’œdème ; pour un peu elle me convaincrait presque de rester. Je suis pressé. Le lendemain, je traverse avec Bir Bahadur le col au-dessus d’Orsho. C’est un pierrier sans fin, avec une vue magnifique sur les montagnes. Des sherpas ont construit des centaines de petits cairns, et de plus gros monuments inscrivent dans la pierre l’âme de ceux qui ont disparu sur les cimes. À ce col je crie avec Bahadur le “La gyalo” traditionnel, et puis pour le faire marrer, parce que sa charge lui pèse, je crie “Likpa gyolo”. Plaisanterie difficilement traduisible, likpa évoque le sexe masculin. Il nous reste à descendre la moraine, rejoindre le grand plat de Lobuche. Et demain le Pumori. Au lodge de Lobuche, circulent les nouvelles les plus contradictoires, on me parle d’avalanche au Pumori, de plusieurs morts au col de l’Amphu Lapsa. Je m’en désintéresse, et mes seules notes sur mon carnet, ce dernier soir avant le combat, se résumeront à relever cette phrase affichée dans le dortoir du lodge « On the Kala Pattar (un belvédère sur l’Everest à 5 400 mètres), seat on a rock, open your shoes, and smile your sock’s, and bye ! » Programme optimiste.

Un gramme d'hystérie au Pumori

Le camp de base du Pumori est installé à 5200 mètres, sur une plage de sable blanc, au pied d'un petit lac turquoise dont l'eau est opaque et imbuvable. La vue y est splendide, chaque soir l'Everest et le Nuptse brillent de tout leur or jusqu'à la tombée de la nuit. À l'écart des routes de trekking, c'est un havre de paix au pied de la splendide pyramide de "la jeune fille" (traduction approximative de Pumori). Quelle ne fut pas ma surprise de découvrir dans le camp ce furieux Joe Simpson ? Un alpiniste très brillant qui a écrit un best-seller *La Mort suspendue*. Joe est autant fêtard qu'écrivain et bon grimpeur. Devant mon étonnement, il me salua en ces termes "I'm still alive !". J'ai immédiatement pensé que l'histoire du Pumori commençait bizarrement. Non pas que Joe porte la poisse, mais sa vie est un tel tissu d'événements extraordinaires, que sa fréquentation est en soi un présage. Je lui "taxais" une Marlboro au passage et je rejoignais illico presto mon équipe. Il me fallut des jumelles pour les apercevoir, le camp était vide ; seul le cuisinier s'ennuyait copieusement. Tous s'escrimaient 1000 mètres plus haut dans des pentes, ma foi, fort raides. Ça sentait le roussi pour moi. S'ils étaient déjà à ce stade de l'ascension, ça voulait dire que le sommet était proche, et que j'étais bien en retard !

Attendre. Simplement attendre et voir, et se laver, ce que j'avais évité depuis mon départ. Le lendemain, sans coup férir, je rejoignais une partie des grimpeurs au camp I. Pour ne pas perdre de temps, j'en profitais pour monter là-haut un sac le plus complet possible en vue de la suite. L'itinéraire était débonnaire, un pierrier raide, marqué de quelques cairns, il y poussait de merveilleuses petites fleurs jaunes très odorantes. Je descendis, avec deux ou trois grimpeurs un peu désolés de laisser les autres, dormir au camp II, tous ici savaient ce que cela signifiait. Ça signifiait une tentative vers le sommet le lendemain. Attente parfaite pour ceux qui la vivent, moment imparfait pour ceux qui doivent se contenter de la suivre depuis le bas. Cette première nuit j'éprouvais ma première fatigue. Par chance, elle fut si fugace qu'elle me permit de me lever tôt et porter jusqu'au camp II, à l'étage supérieur, mon petit matériel du parfait himalayiste. Au camp II, j'attendis un peu un des rescapés de la tentative, qui accomplissait son dur retour. Ils n'étaient donc plus que deux à se battre sur les pentes sommitales. Le froid était intense, et des rafales de vent secouaient la neige sur l'arête sommitale. Régulièrement nous parlions avec eux en radio. On percevait parfaitement que l'affaire n'était ni une victoire, ni une partie de plaisir. Jean-Christophe laissait entendre que Yannick avait très froid aux pieds. Vers seize heures, à cent mètres du sommet, ils durent s'arrêter. Deux jours, nous attendîmes deux jours, sous un beau temps qui ne cessait de nous étonner, de nous agacer même. Ça ne pouvait pas durer. Il fallait se dépêcher. Le dimanche 10 novembre à cinq heures trente, je quittais le camp II avec Jean-Christophe. La nuit au camp II avait été détestable, la tente était minuscule, les séracs craquaient sinistrement au-dessus de nos têtes, mais j'étais en bonne compagnie et je lisais les derniers chapitres des *Compagnons de la grappe* de John Fante. Et puis j'avais appris que Joe avait renoncé. Il avait joué sa tentative aux dés, et le sort lui avait indiqué la sortie. Que pouvait-il nous arriver ? Il n'arriva rien. Sinon le sommet où brillaient trois petits fanions rouges. Il était exactement onze heures sept quand je lançais mon (petit) cri de joie. Devant moi l'Everest, à gauche le Tibet, à droite le Népal. Les fanions rouges tremblaient sous le vent. Juste un sommet, rien qu'un sommet. Je me suis simplement dit : « Tu vas fêter ça à Katmandou ! » J'étais heureux, inquiet pour la descente, nous n'avions pas pris la moindre corde. Le soir même j'étais au camp de base, affamé, assoiffé. J'ai bu du whisky avec les Anglais. Quelques jours plus tard nous étions à Syangboche dans les lodges surbondés de l'aéroport, les hélicoptères ne volaient plus depuis une semaine, et une foule de trekkers hystériques était plantée là, maudissant le Népal et les Népalais qui manquaient sérieusement du sens de l'urgence. Une Brésilienne, persuadée que j'avais quelques pouvoirs dans l'aéroport, vint me proposer d'acheter mon billet à prix fort. Elle était persuadée que ma compagnie allait arriver le lendemain. Le lendemain, un hélicoptère arriva. Pas pour elle, ni pour moi. La foire d'empoigne pour monter à bord était telle que certains en venaient aux mains. Attendre ? J'avais oublié que c'est la chose la plus difficile. Attendre : je n'avais plus que cela à faire. Et ça m'allait. C'est juste un bénéfice du sommet.

Sans papiers, avec domicile, sur un glacier

Après le Pumori, je passais huit jours à Katmandou en compagnie de Jean-Christophe. Nous fêtions régulièrement le sommet, en allant déguster un verre de chianti et une pizza dans la pizzeria *Fire'n Ice*. Un monument de la gastronomie népalaise, dirigé par une authentique Italienne. Nos copains partaient les uns à la suite des autres. Jean-Gabriel, un cameraman, était en revanche arrivé pour filmer notre prochain départ vers le Shishapangma. L'objectif de Jean-Christophe était ambitieux : s'offrir la face sud en solo. Quant à moi je l'accompagnais jusqu'au pied de sa montagne. Pour cela il nous fallait remonter le glacier du Langtang, franchir le Haggen's Col à 6 000 mètres et revenir. Le tout pendant la saison hivernale qui démarre début décembre au Népal. À la veille des fêtes, ce petit jeu ressemblait furieusement à la plus belle plongée en eau profonde. En me baladant dans Katmandou, sans but, je me demandais à quoi pourrait bien ressembler mon retour dans le monde après quelque trois mois passés peu ou prou à 5 000 mètres. Notre voyage bénéficiait de la complicité de quatre sherpas, nous allions en effet dans la partie interdite du Langtang, et nous devions atteindre le Tibet par la petite porte des hauts cols.

Un hélicoptère nous posa en pleine journée de décembre à Kyangi Gompa. D'habitude c'est à cet endroit que les trekkings se terminent. Inutile de dire que les sept personnages qui sortirent de l'hélicoptère posé près de la fromagerie du village provoquèrent un léger attroupement. Pour clouer les langues nous avions mis au point une petite histoire : nous étions des photographes en quête du léopard des neiges. Pour cela, nous allions hiverner quelque temps sur le glacier. Je ne sais pas si un seul des villageois qui nous pressaient a pu croire à une telle fable. Des piolets dépassaient de nos sacs, et nos charges étaient bien grosses pour de simples photographes. On s'attardera peu, pressés de couper court aux questions, et bien trop fascinés par l'aventure qui nous attendait. Le deuxième jour, nous n'avions toujours pas pris pied sur le glacier, mais la bête était devant nous : un fleuve chaotique, battu par le vent, caparaçonné de neige.

Aux derniers abris de pierre, le cameraman nous quitta. J'ai ressenti une impression de désolation quand je l'ai vu disparaître, dans le bon sens, vers la vie, vers l'humain. Dans le foyer de la bergerie, j'ai trouvé une pierre avec un nom gravé. Où était-il mort, celui-là ? À gauche, à droite, au fond ? Le glacier fuyait dans un écrin de montagne ; nous avions froid, en marchant, en s'arrêtant. Au troisième jour il fallut descendre sur la bête. Des ravins de terre profonds nous contraignaient à des acrobaties douteuses ; des grosses pierres étaient échouées sur ces rives, parfaitement instables. Le glacier semblait une mer aux vagues figées. Le versant nord de ces vagues était couvert de neige, une neige épaisse, qui cachait les trous, le piège des pierres. Nous n'avancions pas, et nous ne faisions qu'avancer. Des vents d'une violence rarement éprouvée achevaient de nous dégrader, ils arrachaient des nuages de poussière, et les pierres tombaient à nos pieds en sifflant. Les jours étaient courts, nous bivouaquions sur d'immenses tables de rocher. La seule présence c'était le bruit du glacier, et ces traces de pas dans la neige "des léopards". Au moins, en voir un ?

Mais rien ne bougeait, le soleil accomplissait sa course d'une montagne à l'autre ; puis il gelait à pierre fendre. Dans la tente, chaque matin, c'était un revêtement de glace ; à l'endroit de la bouche, sur le sac de couchage, il se formait un disque de givre. Nous étions tous fatigués, moralement déprimés par ce chemin sans fin. Nos vivres étaient ridicules, mais avions-nous seulement faim ? Un soir où le froid et l'altitude nous mangeaient le cerveau j'ai demandé à Jean-Christophe d'appeler la France. On nous avait confié une valise satellite. J'ai senti qu'il fallait écouter des voix aimées, pour avoir faim, pour avoir soif, pour poursuivre la route. J'ai déplié l'antenne, effectué tous les protocoles qui permettent de lancer les ondes, et j'ai composé un numéro. Un numéro d'amour. Ça a sonné, deux fois, dans le lointain du monde et j'ai entendu une voix synthétique me signifier sans ironie qu'il n'y avait plus de crédit sur la carte à puce. Ça n'était pas un gag. À 5 800 mètres, en plein hiver, dans le Langtang perdu, l'humour de la technique venait de nous rappeler qu'il faut parfois être humble. Une journée encore nous avons marché, et devant les pentes du Haggen's Col, désormais à court de vivre, nous avons renoncé. Je me souviens avoir posé sur le glacier une petite carte postale de Tintin au Tibet (nous étions sur la route de Tintin, la vraie route) et j'ai pris une photo de cette icône, avec en arrière-plan, de merveilleuses montagnes qu'il était bon désormais d'oublier.

Le yeti du Langtang

Décider de faire volte-face en Himalaya ou ailleurs ça n'est jamais simple. Nous n'avions même pas atteint le pied de notre montagne. Ce jour-là, cependant, nous vivions cet abandon comme un soulagement. Rentrer, rentrer et se fondre dans l'anonymat des villes, et se cogner aux autres devant les vitrines des grands magasins, et sourire aux belles filles, et lire un journal dans un café, où les banquettes sont confortables, où l'air est saturé d'oxygène, de gaz d'échappement. Oui il me fallait du bruit de ville, des feux rouges, des musiques, des guirlandes stupides accrochées à un sapin. J'en avais ma claque de la beauté des montagnes. Je dis ça, et je suis incapable de savoir si j'en pense un mot. Il me suffit de me concentrer un instant, songer à la lumière froide et rose qui allumait la cime et je pleure. Je pleure de ne pas avoir la chance de retrouver cette beauté, ne fût-ce qu'une minute. Elle est pourtant en moi, elle m'accompagne, c'est elle que j'emporterais plus tard au pays des ombres. Je veux le croire. Jean-Christophe ne voulait pas partir sans rien ; il avait repéré un sommet, proche du glacier ; « c'est l'histoire d'une journée, pas plus ». Je me demande encore où ce petit homme ramasse une énergie de cet ordre. Nous avions, avec les sherpas, un vague reste de riz, quelques cacahuètes, et quelques barres chocolatées. J'avais prudemment gardé cinq ou six sachets de café lyophilisé. On pouvait à l'évidence tenir trois ou quatre jours avant de retrouver Kyangi Gompa, ses lodges, ses yaourts, ses omelettes. Oui, on pouvait. Alors va pour la montagne, sans nom, ni altitude. Pour moi, l'affaire était facile, me caler sur une pierre, ouvrir le talkie et photographier l'artiste en train de sublimer son désir, en s'éprouvant tout là-haut. Ainsi fut dit et fait. Un matin de décembre, sans bruit, l'homme partit vers sa montagne. J'avais si froid dans la tente que je l'ai à peine salué, peut-être lui ai-je dit "À tout à l'heure". Lorsque le soleil s'est levé sur le versant d'en face, je me suis préparé, et j'ai rejoint un bon poste d'observation. Assis sur un gros bloc de pierre, avec un thermos d'eau chaude et l'appareil photo, j'ai passé la journée à regarder l'alpiniste. Parfois nous discutions ; pas grand-chose, juste les choses nécessaires : « Pas trop dur ? T'es bien ? T'es presque au sommet ? Tu y es ? » Il était là-haut, tout seul à pleurer, et à rire, à penser à sa fille qui aurait deux ans demain. Puis il est redescendu, comme il avait dit juste l'affaire d'une journée. On n'avait pas de quoi fêter ça, mais on a chanté avec les sherpas. Il nous a raconté qu'il avait vu de drôles de traces sur le glacier. Gyalzen lui a répondu que ce devait être un yeti ; le coin est calme, pas pollué, les yetis aiment ça.

Deux jours plus tard nous faisions halte à quelques heures de Kyangi Gompa, au bord d'une belle plage, les pieds enfin sortis de la glace. Avant que les sherpas n'arrivent je me suis déchaussé et j'ai marché pieds nus, pour imprimer de vraies belles traces de yetis. Gyalzen les avait évidemment remarquées, mais il n'émit aucun commentaire. À Kyangi Gompa, ce fut une vraie fête ! Le soleil brillait enfin d'une douce chaleur, nous pouvions nous asseoir, respirer; deux jeunes femmes prenaient le soleil sur un banc. Nous les trouvions belles, elles l'étaient. L'une d'elles nous a interpellés : « Vous avez l'air de revenir de loin ». Et en plus des Françaises ! Dieu que c'était bon de parler, de rire. Elles faisaient ni plus ni moins le tour du monde, et elles étaient arrivées là, sous le soleil, voir les montagnes. Ça nous semblait un miracle. Comme si ces deux filles nous ouvraient des portes oubliées. On crânait un peu, beaucoup, sans honte, sans souci. On les regardait avec étonnement, avec envie. Gyalzen qui voyait notre petit jeu, vint se mêler à la conversation. On parla bien sûr du yeti (n'est-il pas un surhomme ?). J'évoquais alors ces fameuses traces que j'avais découvertes dans le sable, histoire de tester Gyalzen. Celui-ci prit un air docte et répondit : « Oui, j'ai vu des traces de yeti français ». Une des filles sourit et lui demanda « et c'est dangereux les yetis français ? » À quoi Gyalzen rétorqua « Non, les yetis français ne sont pas dangereux, sauf pour les deux Françaises ! » Là-dessus on loua deux mules pour les bagages et on quitta nos deux compagnes sans grand danger pour elles.

C'est dans un taxi, le long des quais de la Seine d'un Paris illuminé que j'ai compris le bonheur du Langtang. De certaines expériences, certains disent « Il n'y a que ça de vrai ». Il faut pourtant s'éloigner de la vérité pour l'identifier.

Roue du Dharma et roue de la fortune

J'avais un petit chalet en Chartreuse. Un tout petit chalet. Quand ils sont tous arrivés, ceux qui prétendaient gravir le Cho Oyu, qu'ils se sont entassés dans la seule pièce de mon petit chalet, j'ai eu peur. J'avais une autorisation pour cette montagne à la frontière du Tibet et du Népal. 8 201 mètres de neige, et un taux de réussite exceptionnel qui faisait dire à tous « C'est le 8 000 le plus facile de l'Himalaya ». J'ai donc rameuté les copains, les lecteurs de *Vertical,* les cousines germaines, le ban et l'arrière-ban. C'est comme ça que je me suis retrouvé sur une montagne, avec un agriculteur, un postier, une infirmière, un informaticien, un directeur des ressources humaines, un boulanger, un cinéaste, un gendarme, un assureur, un étudiant, j'en passe et pas des meilleurs... Je tiens pour gage que l'expédition Cho Oyu 97 fut une des plus démocratiques du genre. Elle m'a beaucoup appris, sur la nature humaine, la quête de l'absolu et l'histoire du relatif. Qu'avais-je produit qui incitât tant de gens à partager cet étrange goût de l'altitude ? Simplement la vérité. La vérité d'un enthousiasme qui consiste à dire : « Je vais vous montrer un endroit dont les mots ne savent rien. Je ne peux rien vous promettre, si ce n'est vous assurer qu'il y aura de la souffrance, des joies pures, du vent, du froid, des diamants de neige, la peur de mourir, l'apaisement de la vie. Il n'existe aucune gloire, juste un prix à payer, des maux de tête, l'épreuve de l'amitié, le goût de la défaite ou celui de la victoire. » Il m'était difficile de partir en ce temps-là. Autant j'avais tout quitté avec élégance pour le Shishapangma, autant je savais qu'au Cho Oyu je jouais un jeu pour lequel j'étais bien peu doué. Diriger n'est pas ma trempe. J'ai le goût du service. Cette notion peut paraître "débile", restreinte, limitative, elle n'en possède pas moins des qualités. Et j'aime toujours poser cette question aux êtres qui me sont chers « Qui sers-tu ? » Quand on va sur les hautes montagnes de l'Himalaya, il n'est pas vain de répondre à l'énigme. On va jouer sa peau, encore faut-il en avoir conscience. La troupe était démesurée. Des amis nous accompagnaient en trekking jusqu'au camp de base ; à Lhassa rien moins que deux bus assuraient le transport de l'expédition. Ça avait un petit côté colonie de vacances, peut-être parce que la perspective de l'altitude atteint un peu trop l'enfance qui survit en nous. Les Chinois de la Tibetan Mountaineering Association furent à ce point heureux qu'ils nous offrirent un banquet aussi démesuré que la troupe. Des Tibétaines fardées comme des actrices de cinéma nous servirent le plus incroyable repas jamais mangé dans ce coin de terre. À la table des officiels encravatés je me devais de répondre aux toasts qui célébraient les amitiés et la coopération du monde entier. La politesse m'imposait de passer d'un rouge capiteux à un alcool dramatiquement alcoolisé avec détour par du tchang sirupeux. La soirée avançait avec un léger vent de folie, des chanteurs tibétains travaillaient les aiguës, d'autres acteurs déguisés en yacks racontaient l'histoire de la traite dans les terres du Kham. Quant à moi, je vidais discrètement mes petits verres d'alcool dans une jarre qui avait d'autres vocations. Sur les tables, des grands plateaux tournants déversaient des mets dont un gros pourcentage était non identifiable. Au grand dam de l'interprète, je faisais tourner cette roue à victuailles, et à la loterie des plats, je mangeais celui qui s'arrêtait devant mon assiette, persuadé que, de toute façon, tout ça finirait en gastro-entérite. Régis le médecin louchait avec perplexité sur mes verres trop souvent levés. Il se passa cinq jours avant que nous puissions atteindre la grande plaine de Tingri. Cinq jours où j'essayais d'élucider, chaque soir et matin, si aucun de mes poulains ne me cachait quelques allergies à l'altitude. J'avais laissé à tous ce mot d'ordre « surtout buvez et pissez ! ». Cela participe des bonnes thérapeutiques de l'altitude. C'est en tout cas un excellent indicateur de l'état général de l'impétrant aux 8 000. À Tingri, après les conforts des hôtels pseudo (ou réellement) confortables, la musique changea de ton. Nous nous étions installés dans le lodge de mon vieil ami Tsultim, et depuis la terrasse des toilettes on pouvait parfaitement apercevoir le Cho Oyu et l'Everest. Ces deux géants côte à côte se renforçaient mutuellement ; à vrai dire, ils impressionnaient. Au fond de la plaine, ces deux cabotins nous assuraient un spectacle épique. Quand ils arrivaient à se débarrasser, le soir, de leur coiffe de nuages fous, ils se laissaient aller à changer de couleurs pour devenir de vrais caméléons du ciel. Oui, il fallait que je répète que c'est bien là que nous allions nous dépenser. En attendant nous avions de quoi jouer avec les bouchers qui tuent chaque matin leurs chèvres, et font sécher les carcasses au soleil. Il est très étrange de voir un homme caresser la bête affolée qu'il serre dans ses bras, puis, presque par magie, et sans une goutte de sang, son couteau entaille la peau, la main glisse dans l'ouverture et va cueillir le cœur de l'animal. Mes compagnons eurent tôt fait de s'ennuyer à Tingri. Je pris alors la lourde décision de nous enfoncer dans l'altitude. S'en mettre jusqu'au cou, jusqu'à plus soif. Des camions nous conduisirent au petit matin à près de 5 000 mètres dans le beau paysage des rivières et des prairies du Tibet. Le camp fut en effervescence jusqu'au soir. Trop d'activités tuent l'activité ; j'aurais dû y penser. Dans la tente-mess, j'ai ainsi constaté cette torpeur que donne l'air d'en haut. Nous étions un peu éteints, et j'avais beau raconter mes démêlés avec Mister Guo, mon énième officier de liaison, qui venait de me racketter d'une montre, je ne recueillais qu'une maigre audience, et j'étais certain que l'aspirine circulait dans les veines plus que de raison. Ce fut Régis qui déclara les hostilités le lendemain. Régis, mon médecin, vint me trouver, le visage défait, la respiration haletante, il osa me dire « Jean-Mi il faut me caissonner, je suis en train de faire un œdème ! ». Mon médecin malade, mon médecin dans un caisson hyperbarre ! Franchement ça partait mal, et quand notre homme s'est retrouvé dans le cercueil gonflable, que l'on put apercevoir par le hublot de plastique son visage pâle, halluciné, je pus croire enfin que la déesse turquoise (Le Cho Oyu) n'était pas de notre bord. Il se remit. On en caissonna un autre. Mister Guo ricanait, certain que cette expédition allait agrémenter son quotidien finalement banal. Nous restâmes deux jours et deux nuits dans ce "base camp parking". Toutes les conversations tournaient autour du MAM (le mal aigu des montagnes), et seul le troc des zi-stones avec les yackmen distrayait une équipe dont les maux de tête constituaient à cette heure le dénominateur commun. Il fallut bien partir ! Le matin était clair, l'air frais, il restait à marcher. Enfin. Les yacks (nous en possédions soixante !) s'ébrouaient et derrière, le long cortège des “members” se mit en branle. La montée fut longue, éprouvante, et lorsque les sherpas installèrent la tente-cuisine vers 5 300 mètres pour le soir, je fus soulagé. Il ne me restait qu’à revenir sur mes pas, à la rencontre des derniers et les motiver par la proximité de thé chaud. Je crois que la nuit était à peine tombée ; je venais de terminer le montage de ma tente, j’étais comme rasséréné. Il y eut un cri. Il y eut des pleurs. Je suis sorti de ma tente, arrachant des piquets, persuadé qu’un accident était arrivé. Une femme pleurait. Son mari geignait à côté d’elle, couché, perdu dans un semi-coma. Je fonçais dans la tente de Régis et, malade ou pas, il fallait qu’il vienne m’aider. « Il va mourir. » Je l’ai dit, je l’ai pensé et j’ai eu très peur. Tous mes mots de vérité, à quoi servaient-ils ? Le type allait mourir, parce que je lui avais proposé cette aventure. Qu’il y avait cru. « Régis tu fais le maximum ! » Régis à ces moments c’était le bon dieu et ses saints. C’était tout. Il allait me sauver mon bonhomme. « Hein Régis, ça va aller ? » On a déballé l’oxygène. Et puis Régis m’a confirmé : « Pour l’instant il est sauvé mais faut le descendre ! – Quand ça ? – Maintenant. »

Maintenant ? J’ai regardé la nuit, le chemin parcouru et j’ai éprouvé un découragement immense. Je suis allé chercher tous les trekkers accompagnateurs ; et je leur ai annoncé l’étrange nouvelle : « Vous êtes tous fatigués, on a marché des heures, et pourtant nous allons partir d’où nous sommes venus. Vous avez quelques minutes pour vous préparer. On n’a pas le choix. La vie ça ne négocie pas. » Il y eut un flottement, et de l’agitation. Moi je suis allé chercher les yackmen, j’ai demandé s’il existait un yack assez paisible pour transporter quelqu’un, ils ont tous ri, m’ont montré des billets de banque. Et dans la nuit nous sommes partis vers le bas. L’homme malade était attaché sur un yack (paisible !) et nous, tous autour, nous marchions comme des fantômes fatigués. Ce fut une nuit de grâce. Nous ne voyions presque rien, les yackmen chantaient des chants rauques comme la lune effacée. Il nous fallut traverser des rivières froides, l'eau jusqu'aux cuisses. Nous avions froid, faim, fatigue. Mais sur le yack, un homme retrouvait ses esprits. La roue du Dharma n'avait pas tiré le lot de la défaite. Elle tournait, dans le bon sens de la compassion.

Un Italien perdu

Sur le petit autel que les sherpas venaient de monter, nous avons posé nos gris-gris, nos piolets, nos écheveaux de cordes et pas mal de canettes de bière. J'avais aussi glissé contre les pierres une photo heureuse de mon mariage tout récent. Les mâts des drapeaux de prières avaient été dressés face au Cho Oyu. Après l'épisode du trekker malade, il m'avait fallu très vite remonter au camp de base. J'étais arrivé à point pour le puja, cette prière aux dieux, sans laquelle les sherpas n'oseraient pénétrer la montagne. Que signifiait-elle pour nous ? Tenzi était assis devant l'autel, les mains jointes, à plat, il récitait des mantras dont nous n'entendions que la musique. Tous, nous étions recueillis, les athées, les croyants, comme si la foi des sherpas nous atteignait dans cette couche d'irrationnel qui nous travaille à nos dépens. Je doute que l'un d'entre nous se soit écarté de la prière. S'il y avait quelque part un protecteur ! La magie, on a beau ne pas la pratiquer, elle fait rêver. Nous avions besoin de rêves. La réalité dans ce camp de base bondé, qui voyait arriver tous les jours des grimpeurs victorieux, c'était l'attente. C'était le col blanc du Nangpa là où tous les jours nous apercevions des colonnes de réfugiés ou de marchands. C'était cette moraine incommode et froide que le soleil abandonnait trop tôt. C'était un ami vaincu par des virus nichés dans une pizza douteuse à Katmandou. Son visage et ses yeux jaunes. Son corps détruit, amaigri, et cette peine que je sentais parce que sa lutte était vaine et qu'il lui fallait nous quitter. Nous n'avions pas fait un pas sur la montagne, et l'équipe perdait un grand gaillard dont le visage n'avait cessé de s'éclairer à l'idée de se mêler à la déesse turquoise. Lorsque la première fournée partit pour le camp I, je fus une fois de plus soulagé ; l'action possède la vertu d'aplanir l'angoisse. Le premier soir, je communiquais par radio avec les miens, serrés dans une tente, cinq cents mètres plus haut. Les voix étaient pâteuses, l'esprit restait vaillant. Ç'aurait été peut-être une nuit facile, juste une nuit d'altitude en plus. Mais les dieux ont parfois des revanches à prendre sur des destins faciles. C'est un appel-radio qui bouleversa la nuit. Des Anglais, de retour du sommet, avaient aperçu au milieu de la montagne un homme seul, un peu égaré, dont les mains avaient visiblement gelé. L'homme ne manifestait aucun besoin de secours, il avait vaguement parlé de planter sa tente et d'attendre avant de rejoindre le sommet. Renseignements pris, depuis le camp de base, nous avions identifié plus ou moins le bonhomme. Il s'agissait d'un Italien. Tous les autres membres de l'expédition dont il était membre avaient quitté depuis deux jours le camp de base. Ils n'avaient rien laissé, pas même une tente, pas un sac. En dressant un rapide bilan, la situation de cet homme était à coup sûr délicate. Planté à 6 800 mètres, dans une tente, les mains gelées, on voyait mal comment il allait survivre. À neuf heures du soir, il fallait se décider, imaginer une opération de secours. Sur la montagne, il n'y avait guère que des gens de mon équipe, deux sherpas, et surtout mon copain Jean-Luc, un guide, un vrai. J'allais improviser, avec des Espagnols et un groupe d'Italiens, un PC dans une tente-mess pour diriger les opérations. Il fallait convaincre Jean-Luc et les sherpas de se lancer en pleine nuit dans les pentes du Cho Oyu par moins trente degrés, et atteindre une tente dont l'emplacement était tout sauf précis. Pour Jean-Luc, cela ne faisait aucun doute. À peine avais-je fini de lui expliquer le cas à la radio, qu'il avait enfilé ses grosses chaussures. Martial, un gendarme corse, préparait lui aussi son sac. Il faut se rendre compte de ce que signifiait pour eux un tel départ dans la nuit. Fatigués, ivres de froid et d'altitude, ils risquaient leur peau et la suite de toute l'expédition pour sauver quelqu'un dont on ignorait à cette heure s'il était encore vivant. Gyalzen et Tenzi à qui je demandais le même service étaient plus réservés. Eux, considéraient que ce type perdu était fou, et qu'il ne fallait pas risquer la catastrophe pour un "crazy man". Je comprenais parfaitement leur réticence. Au nom de quoi pouvais-je demander à ces deux hommes d'aller sauver un inconnu, sachant pertinemment le risque réel qu'ils prenaient ? Un Italien a saisi la radio, s'est mis à parler argent avec eux. J'ai entendu que l'affaire était conclue à raison de cinq cents dollars. Le salaire de la peur. Les quatre hommes sont donc partis, du thé chaud et quelques médicaments dans leurs besaces. Nous communiquions toutes les demi-heures avec eux. La nuit était longue, violente. On entendait des voix essoufflées, on entendait la souffrance du froid, mais ils avançaient, parce qu'un homme, plus haut, n'avait qu'eux pour survivre. À minuit, ils nous annonçaient que la tente était en vue. Nous retenions notre souffle. C'est Gyalzen qui a ouvert la tente. Il a juste crié dans la radio « He is alive ! Il est en vie ! ». À partir de ce moment les choses prirent une tournure inattendue. L'homme refusait de descendre, il refusait même qu'on lui parle. Un Italien essaya de le convaincre mais le dialogue était surréaliste. Le dénommé Roberto pensait que la police venait le chercher, il voulait parler à un avocat ! Dans ses délires il expliquait qu'il allait écrire un livre, ici même, dans sa tente. Sur place, les quatre sauveteurs étaient désemparés, à l'extérieur de la tente, le froid les paralysait. Que pouvaient-ils faire ? Roberto se montrait menaçant. Il avait simplement fini par accepter le thé que lui offraient ses secours. Tenzi s'est mis à pleurer, il ne pouvait plus tenir, le vent le traversait jusqu'aux os, et je sentais qu'il avait peur de cet homme qui refusait son aide. Il fallut se rendre à l'évidence, il était impossible de le secourir malgré lui. À minuit et demi, je pris cette décision insupportable : « Rentrez sans lui. » Oui, nous abandonnions un homme à sa nuit, quatre autres étaient en danger. Ce n'est que le lendemain matin, qu'une autre équipe partit à sa rencontre ; Roberto était toujours vivant, comme anesthésié. Mais cette fois, il accepta de s'agripper aux épaules des sauveteurs. La descente prit des heures, il fallait le porter, le soutenir. Régis, le médecin, avait organisé une infirmerie, et dès son arrivée au camp de base, Roberto fut soigné. Il parlait peu, quelques mercis de temps à autre ; il évoquait Naples, le soleil, il parlait du sommet. Les pauvres mains étaient inertes, ses doigts noircis par le gel, mais il était vivant. Et nous, épuisés, il ne nous restait qu'à cracher quelques dollars pour l'évacuer. Et cette question : pourquoi avait-il été abandonné ? Nous n'avons jamais eu de ses nouvelles.

Il n'est pas certain qu'il arrive en bas

C'est comme l'histoire d'un mauvais sort. Le vent et le froid emplissaient tout l'espace. Ce Cho Oyu, si facile, devenait au fil des jours un bastion de douleurs. La montagne me tirait vers le bas. Nous avions évacué quatre personnes, nous avions des gelures ; le caisson hyperbarre fonctionnait à plein rendement ; j'avais peur pour tous ceux que je voyais, déprimés par l'altitude, fébriles de douleurs. Ce fut bientôt le tour de Franck, son visage était gonflé, il titubait, et passait des heures dans sa tente, allongé, presque désolé de dire « ça ne va pas très fort ». Nous avions fini par l'installer dans la tente du médecin, et au petit matin Régis vient me voir la mine grave : « Jean-Mi, il fait un œdème cérébral. – Et le caisson ? – On ne peut plus rien faire, il faut l'évacuer au plus vite, et jusqu'au Népal, il va mourir, je suis même pas certain qu'il arrive en bas. » En un quart d'heure, j'avais organisé le départ de Franck. Un sherpa courait vers le camp de base pour qu'une voiture puisse le récupérer, et le conduire au Népal. Restait à le descendre. « Il n'est pas question qu'il marche. » Alors j'étais allé trouver Gyalzen, le fidèle, le fort. Je lui ai dit « Il faut descendre Franck ». Gyalzen m'a montré une claie de portage en aluminium, « je le prends sur le dos ». Gyalzen mesure un mètre soixante, pèse moins de soixante kilos. Il fallait qu'il transporte un homme de soixante-dix kilos, sur vingt kilomètres de terrain difficile, en franchissant un col. Philippe, Régis étaient d'accord pour nous accompagner. J'avais emprunté une bouteille d'oxygène, et je marchais à côté de Gyalzen, la bouteille dans les mains, relié à Franck par le mince tuyau de caoutchouc. Le petit sherpa avançait comme un fou. Il suait sang et eau. Toutes les dix minutes, il fallait une pause. Gyalzen descendait son précieux fardeau, soufflait, buvait un peu de thé, puis nous l'aidions à réinstaller Franck sur son dos. Nous nous battions pour le tenir éveillé; calé sur le dos du sherpa, brisé par l'œdème, nous le sentions partir. Je lui parlais de sa femme, de la belle vie qui l'attendait. Le chemin n'en finissait pas. Je me sentais impuissant devant ce sherpa, je ne pouvais l'aider, je n'avais ni sa force ni sa santé. Des heures durant, il nous fallut marcher dans l'inquiétude. Franck tenait le coup. L'oxygène avait très certainement enrayé l'œdème, et les piqûres de Régis le soutenaient. Vers la fin du jour deux Tibétains nous croisèrent. Gyalzen négocia avec eux pour qu'ils acceptent de porter Franck une heure sur deux. Le sherpa ne tenait plus sur ses jambes. Son dos était trempé, ses cheveux collés par la sueur qui gelait instantanément. Les Tibétains lui donnèrent des nouvelles inquiétantes, d'après eux, il n'y avait aucun véhicule au camp de base. Nous nous regardions tous, nous demandant comment nous pourrions accomplir les kilomètres qui nous séparaient des Chinois ! Parfois il faut arrêter de se projeter dans l'avenir, notre souci devait s'en tenir à l'instant, se réduire au moment. Franck changea de dos, et les Tibétains avec leur démarche chaloupée riaient en portant le “Sahib” qui respirait l'air d'une bonbonne. Ce n'est qu'à la nuit tombante, par une température glaciale, que nous parvînmes au bas de la moraine. Aucune voiture n'était en vue. Nous nous étions arrêtés dans un chaos de pierre, Franck était au chaud dans un sac de couchage, et nous ne savions plus qu'envisager. Gyalzen prit la décision de courir vers le camp de base, et s'il n'y avait personne, il irait jusqu'à Tingri (au minimum cinquante kilomètres !) et il reviendrait avec un véhicule. Suffisait d'y croire, de tenir une nuit de plus. J'enrageais après les Chinois, lorsque deux phares traversèrent la plaine sombre devant nous ! C'était gagné, enfin gagné. Nous traversâmes les torrents, et nous pûmes nous asseoir dans une voiture où régnait une chaleur presque insupportable. Au camp de base l'officier de liaison m'attendait, se frottant d'avance les mains pour les dollars que j'allais débourser. Nous devions faire vite, il restait huit heures de route pour atteindre la frontière. Cérémonieux et compatissant, Mister Guo me prévint qu'une évacuation de nuit allait me coûter cher. Il me signala que je ne devais pas agir ainsi. « Quand un homme est malade, laissez-le mourir, ça vous coûtera moins cher, moi j'écris un certificat de décès et c'est plus simple pour tout le monde. » Je déboursais six cents dollars, et sans rien répondre je montais dans la jeep. Franck était calé entre nous, il semblait plus lucide ; il avait rejoint la bonne berge.

Le voyage prit fin à trois heures du matin, à l'altitude de 1 800 mètres (nous venions de descendre en une journée près de 4 000 mètres de dénivelée), dans la ville-frontière de Kassa. On nous hébergea dans une sorte de garage où avaient été installés des bat-flanc. C'était fini. Franck vivait, nous pouvions revenir sur la montagne, retourner dans le désert d'altitude.

Trois semaines après, quand l'expédition prit fin, et que tous nous buvions le vin de la défaite à Tingri, l'officier de liaison m'invita à venir avec lui dans les sources chaudes. Il m'était difficile de refuser, nous avions la frontière à passer, et le Chinois pouvait parfaitement me valoir quelques soucis supplémentaires. Je me retrouvais avec lui, dans un bassin en plein air, baignant dans une eau chaude, où flottaient de drôles de choses. Mister Guo, en slip, était aux anges, j'avais tant payé. Il riait, il riait de ma mine inquiète. « On ne fait pas le sommet avec des gens malades ; crois-moi, tu les pousses dans une crevasse et tu t'occupes du haut. » Il riait. Tellement. Et nous, nous étions tous vivants.

À Gyalzen, bien plus tard, quand il vint me trouver sur sa petite moto, pour boucler cette histoire, je n'avais qu'un merci en échange. Et Gyalzen riait : « J'ai fait seulement mon boulot. » Himalaya : la terre des hommes.

Sur les montagnes sacrées

Passang plonge la théière dans l'eau glacée du ruisseau. Étendu sur la berge, la tête calée sur un sac à dos, je regarde le paysage avec l'urgence de me dire : « Toi, je ne te reverrai jamais. » J'essaie d'apprendre par cœur la couleur des rochers, l'odeur de l'air, la forme du ciel. Je suis au Tibet, malade comme un chien. Je suis devant Kang Rimpoche, le Kailas ; à quelques mètres de nous deux, sur le sentier, passent des ombres, un moulin à prière à la main. L'une d'elles s'est penchée. Juste un visage crasseux brûlé par le vent et le soleil. C'est une femme, elle rit, dévoilant deux dents en or. Ses nattes noires mêlées de laine blanche et rouge frôlent ma poitrine. Elle rit et je pense que je peux (que je vais) mourir. Elle murmure des mots tranquilles. De ceux que l'on dit aux enfants pour les endormir. Je le crois. De son sac à dos en toile, elle a sorti des bouses sèches. Elle les effrite sur le feu entre les pierres du foyer, la bouilloire noircit. De temps en temps la fumée me bouscule. Je suis si léger…

Le thé a pris le goût du bois. Hormis le bruit de l'eau, la présence du silence. Le Tibet n'est qu'un grand silence. Ce jour précis, dans ce silence précis, j'ai su que je n'en avais pas fini avec lui. Qu'il me faudrait l'entendre encore. Que je trouverai mille prétextes pour entrer à nouveau dans son sanctuaire. Ce jour-là, je ne suis pas mort. À Darchen où j'avais fini par revenir, dans la cour de pierre d'un caravansérail de béton, j'ai pu voir cette montagne à l'est. Je ne savais pas son nom, des nuages généreux pétrissaient ses flancs. Elle répondait au Kailas, telle une sœur délaissée, peut-être parce que la Tibétaine qui m'avait offert une pomme m'avait indiqué son nom : “Guru Rimpoche”. Ainsi cette montagne, là, devant mes yeux était pareille à l'autre, somptueuse, derrière le bâtiment : “Un Rimpoche”, “un Précieux”. Je l'ai photographiée, le lendemain à l'aube, dans la jeep, en ouvrant une fenêtre. Des yacks paissaient au pied, il avait plu la veille, le désert tout vert dans la lumière du matin et très vite ces étranges nuages battus et rebattus par le vent dont elle semblait l'amie indéfectible. Cette montagne, ce Guru Rimpoche, tremblait de solitude. Je pouvais constater sa hauteur, sa force attractive. Je ne pouvais pas l'oublier.

Cinq ans. C'est la distance nécessaire pour que je sache la certitude de mon élan vers elle. J'avais été au Shishapangma, au Langtang, au Cho Oyu. J'avais accumulé les moments d'altitude comme s'il s'agissait de forger quelque chose en moi. Le bilan était maigre. Je pouvais l'établir en terme de désastres, les petits et les gros. Les amours ratées revenaient en contrepoint incessant de mes expéditions. Le fric (“celui qui ne fait pas le bonheur mais y contribue”) devenait un moyen de m'enfoncer chaque jour, chaque année. Je dépensais sans compter pour me prouver que seuls, ces séjours himalayens étaient la valeur absolue, la valeur-refuge. Mes cotations boursières se comptaient à travers les pauvres chiffres de l'altitude. Il me fallait sans cesse me retrouver dans ces moments de perdition où le corps n'est plus qu'un encombrement futile. Je lisais aussi.

Surtout. Je me fabriquais au fil des ans une culture tibétaine à coup de drapeaux de prière, de mantras mal apprises, de divinités en bronze doré ; je croyais que...

Je croyais que la vie est désir, et par là souffrance. Et qu'il convient de faire bonne figure. C'est à cette époque que j'ai commencé à fumer. Avec le recul, je sais que cela signifiait : me priver d'air. La fumée, en moi, agissait comme l'air de là-haut.

L'automne 98, c'était dit, j'allais partir. J'avais découvert le nom de la montagne (son nom de carte) : le Gurla Mandata. J'avais cherché des bribes d'histoires, ces ferments d'imaginaire. Je connaissais son altitude (j'en possédais au moins quatre, tournant autour des 7700 m), un copain m'avait grappillé dans la bibliothèque de l'E.N.S.A. (École Nationale de Ski et d'Alpinisme) de menus récits de ses ascensions. Je pouvais raconter la tentative de Longstaff et des frères Brocherel en 1905, repoussés par une avalanche vers 7100 m. Celle, solitaire, d'Herbert Tichy (futur conquistador du Cho Oyu) en 1934, déguisé en mendiant pour approcher clandestinement ce pays. Je n'ignorais pas la date de la première ascension : 1985, par une équipe sino-japonaise. La montagne n'avait connu que peu d'amants, quatre expéditions à ce jour. Et puis je possédais mes images. Cartes postales achetées à Katmandou, photos rescapées de-ci, de-là.

À l'automne, c'était sûr j'allais partir. Nous étions quelques-uns, amis de fortune, à vouloir s'échapper vers elle. Mais cette année-là, le rire de Chantal Mauduit s'est tu. Cette année-là, Éric Escoffier ne revint pas du Broad Peak. Cette année-là, c'était trop de mémoires qui s'envolaient. Il faut de la mémoire pour partir au Tibet. Cette année-là, je ne suis pas parti. Je me souviens à peine avoir passé l'été à chercher sur de mauvaises cartes comment retrouver Éric. J'ai attendu son retour, comme s'il était des lieux d'où l'on doit revenir. Sans le désirer je me suis retrouvé devant des radios, des télés, sommé (et assommé) de répondre à cette question : « Mais que va-t-on chercher là-haut qui vaille d'y laisser sa peau ? » Je crois qu'aucune de mes réponses ne m'apportait de satisfaction, aucune n'était intelligente. Je préférais cultiver le paradoxe en affirmant : « Ce n'est pas le but qui importe, c'est le chemin. » C'était juste une intuition, et aussi le moyen de me dédouaner de mes propres échecs. Un moyen encore de me libérer de mon renoncement sur le Gurla Mandata, et des déceptions causées autour de moi.

Un sommet possède ses exigences. Je sentais celles du Gurla comme une intrusion dans ma vie. Après tout, j'avais le droit de le refuser, et sans explications. Mais voilà, j'avais eu cette phrase malheureuse : « On ira au printemps suivant ! »

Mes amis m'ont cru. Pas moi.

Par un effet du hasard, je fus invité au Raid Gauloise en Équateur. Un sommet de 6000 mètres (presque 6000 !) était au programme : le Cotopaxi. Cela faisait des mois que je n'allais plus en haute montagne ; goûter le calcaire des Calanques ou refaire une vieille voie au mont Aiguille comblaient mes désirs apaisés. Je redevenais normal. Seules les cigarettes qui nuisent à la santé poursuivaient leur travail de sape. Je fréquentais l'hypoxie.

Au Cotopaxi, j'ai éprouvé la rage extrême d'aller au sommet. J'y suis allé. En un quart de seconde, à l'approche du cratère, j'ai retrouvé la folie de l'altitude. Je pouvais répondre à toutes les questions d'avant. Avec certitude. Avec satisfaction. C'est bien de chemin dont il s'agissait. L'instant plat du sommet n'avait d'importance que dans la marche qui le précédait. Et cette marche était une revanche, un poème absurde à la vie qui, en apparence, tire en arrière. Cette marche, cette montée d'une exigence folle (oui, c'est dur de monter), affirmait dans son inutilité l'essence de l'être. Ça fait grandiloquent ? Vous avez raison. Il s'agit pourtant de cela. Par quel biais, je ne saurais l'écrire. Monter c'est un pied de nez aux puissances mortifères. Cela ne s'achète, ni ne se vend. C'est juste un psychodrame personnel. Une sorte de jeu de rôle où l'on dirait à tout ce qui nous brise plus bas : « Regarde, j'ai des jambes, j'ai du souffle, j'ai de la vitalité. Regarde, comme je suis debout, comme je n'ai pas peur, comme j'apprends la victoire. » Monter, ça ressemble étrangement à ce que l'on appelle dans le catholicisme une indulgence plénière. On ramasse des points pour le paradis, on aura moins à purger que les autres. De retour du Cotopaxi, dès la première heure, le Gurla a retrouvé ma mémoire. Elle était prête. Elle attendait son heure. J'ai bien sûr refusé, en préparant, envers et contre moi, cette expédition. J'ai écrit un livre, j'ai divorcé, j'ai bu, j'ai joué à la vie, j'ai travaillé aussi, et beaucoup. J'ai réappris les nuits trop courtes, les maux de tête, la thérapie pour éviter d'autres "Prozac". J'ai commencé à donner de manière testamentaire. Je m'efforçais de choisir mes objets les plus fétiches, mes livres les plus précieux et j'offrais. Une façon comme une autre de couper les ponts. Je prenais claque sur claque. Plus je vivais dans l'insouciance, plus les soucis s'épanouissaient comme des fleurs vénéneuses. Oui, j'allais partir au printemps mais non, je ne pouvais le concevoir, le préparer.

Je faiblissais à vue d'œil (prenant des kilos, des cheveux blancs), me dépensant dans des nuits de fiesta, de celles qui me voyaient me réveiller dans le désordre d'une femme dont il m'arrivait d'ignorer le prénom.

Je suis arrivé à la fin de l'hiver dans une forme exceptionnelle, incapable d'aller où que ce fût.

Financièrement exsangue. Bref, je réunissais toutes les qualités pour ne pas partir.

La vie possède des astuces inouïes. La vie possède, par exemple, un nouvel an tibétain le 19 février de l'an 2056 (je cite de mémoire) dite du "lièvre de terre".

Ce jour-là je fis une rencontre. Je garderai pour moi ce qu'elle fut, ce qu'elle est, et son devenir. Disons simplement que le chemin s'ouvrait enfin. Cette fois je n'avais besoin d'aucun prétexte pour renier le Gurla. J'avais la vie avec moi. J'avais toutes les excuses du monde pour refuser un affrontement dont j'étais incapable. Mais voilà "on" avait dit : « on ira au printemps », et un des amis m'a lancé : « De toute façon si tu ne viens pas, nous on part. » Comment un instinct de propriété peut-il s'exercer à l'égard d'une idée ? Ce Gurla c'était mon histoire, mon fait, mon désir. Le laisser à d'autres c'était comme m'oublier à tout jamais. J'allais donc partir sur ces simples mots, que je déteste encore aujourd'hui.

L'équipe dans ces entrefaites avait pris du plomb dans l'aile. Certains s'étaient récusés, d'autres s'étaient excusés. Par chance, j'avais séduit de nouveaux adeptes. Nous étions cinq à l'instant de payer les billets d'avion. J'avais eu le loisir de constater l'ironie du sort. Moi qui n'avais plus un rond – seul vrai obstacle – voilà que mon patron m'offrait l'expédition.

Partir. Vu de loin, j'étais tenté de dire que je n'avais plus le choix. Vu de près, j'avais été exactement au rendez-vous de ce départ. Vu de près, c'est comme si je l'avais bâti sans m'en apercevoir avec une précision et une acuité diaboliques. Mon vieux copain Bruno, avec qui, dix ans auparavant, j'avais vécu la douleur et le bonheur de l'Everest, me rejoignait pour cette ultime folie. J'entendais les amis bien intentionnés dire : « Tiens Jean-Mi va encore faire du camping dans un camp de base. » Cela ne me déplaisait pas. Je n'ai pas le culte de la réussite. C'était presque drôle, c'étaient des reflets d'ignorance. Je savais ce que j'avais fait en d'autres temps sur d'autres montagnes. Je savais répondre à la question : « Mais pourquoi vous êtes-vous arrêté deux fois à moins de cent mètres du sommet de l'Everest ? » Je savais que la question réelle, qui seule compte, est « Pourquoi êtes-vous monté jusqu'à 50 mètres (ou 60...) du sommet ? » Je savais les nuits passées à 8 000 mètres (j'en comptais 11), je savais les amis que j'ai sauvés, et pour lesquels j'ai sacrifié sans une once de remords des gloires sommitales. Je savais, orgueilleusement que j'avais parfaitement accompli les choses en Himalaya. Et que j'avais, comme l'on dit, à bout d'arguments "manqué de chance". Au fond de moi, j'aurais pu dire qu'il n'avait justement été question que de chance. Et que dix ans d'expé m'avaient épargné : pas une blessure, pas une gelure. Même pas mal...

Vint le printemps. Ma vie transformée, et ce Gurla qui approche à grands pas. Il eût suffi d'un mot pour que je me défile. Merci à celle qui ne me l'a pas dit.

J'ai préparé mon sac, la veille du départ. Par chance encore, de nombreux fabricants (qui savent mon "merci") ont accepté de nous confier du matériel de première urgence.

La nuit d'avant le départ fut terrible, car je mesurais d'un coup que le Gurla (où plutôt le discours que j'en avais) intéressait les gens. Philippe avait monté un projet pédagogique avec des enfants des écoles du Vercors et embarqué France Télécom dans l'histoire. Nous avions tout un public enthousiaste, prêt à suivre sur la toile un remake de *Tintin au Tibet*. Quelle chance, quelle responsabilité. Je quittais ma fille aimée, je quittais mon amour, je quittais mes amis. Je quittais la vie pour l'autre vie. Mon manuscrit refusé ça et là m'était indifférent. J'étais désormais en possession de Guru Rimpoche. Qu'allait-il faire de moi, de nous ?

Si l'on s'attache aux signes, l'affaire démarrait mal. En plein T.G.V., je m'aperçus que nous avions oublié des chaussures. Béni soit le *Vieux Campeur* qui possédait la pointure manquante et pouvait me refiler le précieux objet entre deux taxis.

Katmandou. Jamais voyage en avion ne fut si bref, si déchirant. Je retrouvais la capitale où tant et tant de fois j'ai réappris le sens de vivre. J'y ai mes quartiers, mes amitiés, mes habitudes. Je suis chez moi dans les hôtels où la télé diffuse des clips de chanteurs indiens, où la bière se boit en bouteille et s'appelle San Miguel. Nous ne disposions que de deux jours. Deux petits jours pour mesurer l'ampleur de l'aventure. Des copains bien intentionnés, s'étaient servis dans le matériel que je laisse d'une expé à l'autre. Presque plus de tentes, plus de cordes fixes, plus de réchauds, plus de gaz, une pharmacie défaite, des piolets aux abonnés absents. J'ai les noms, le magasinier de l'agence fait bien son travail. Je ne leur en veux plus. J'ai pris l'habitude de savoir que la rigueur des himalayistes peut être, parfois, inversement proportionnelle à l'altitude à laquelle ils aspirent. Je ne leur en veux pas. Si certains l'ont fait, peut-être ai-je été quelquefois aussi léger ?

Par chance, Sonam et Tshiring qui dirigent l'agence Thamserku Trekking sont mes amis. Ils savent mes vigilances défaillantes. Ils m'ont donc fourni ce qui n'était plus là, et j'ai pu récupérer un caisson hyperbarre (sorte d'assurance-vie) et un générateur (indispensable pour les e-mail et le téléphone satellite).

Les courses faites (dernières piles, derniers paquets de gâteaux, dernières boîtes de conserve) nous eûmes juste le temps de quelques retrouvailles. Katmandou était sèche, et chaude ; polluée à souhait, mais

Katmandou reste Katmandou. Dans cette ville, j'aime le tout petit territoire des crémations à Pashupatinath. On se fabrique les rituels dont on se croit digne. Pashupatinath en est un. Je marche sur les ghat, je vais contempler le Bouddha, debout, enfoncé à mi-cuisse dans la terre. J'aime ce personnage, avec son corps féminin, ses hanches marquées, si vivant, qui sourit aux défunts que l'on brûle à quatre pas. Je l'aime car je le sens dépositaire d'une mémoire de la vie et de la mort, qui donne à penser à l'éternité. Depuis des siècles il pose sur ses jambes de pierres noires. Depuis des siècles il supporte l'odeur de la mort. Il fixe la mesure du temps de nous autres. Il m'est comme un compagnon à qui je dis : « Tu vois je suis encore là. Tant d'autres ont disparu ; ton mutisme me survivra. Veille sur moi, veille bien après moi. » Cela me rassure.

Dans ma chambre d'hôtel, le soir, j'écris, je pense à quelqu'une qui, sous son parapente, enjambe les crêtes et le vent.

L'arrivée à l'aéroport de Lhassa est toujours étrange. Le tarmac de l'aéroport et ses bâtiments prétentieux, puis le ballet des militaires, des douaniers chinois. Les papiers à présenter dont on ne sait ce qui les rend valides ou pas. Et si la douanière, sévère, à talons hauts, se mettait à fouiller nos sacs ? Trouver l'ordinateur, et la valise Inmarsat. Et si ? Il n'en est rien, jamais rien. Cette frontière est étrangement facile à franchir. On dirait que les Chinois ont appris à se désintéresser de l'autre monde. Que pourraient-ils craindre ? Ils n'ignorent, à mon avis, rien de la désapprobation qu'ils suscitent. Ils ont oublié. Le Tibet est désormais un pays en ordre de marche. Quelques gesticulations occidentales à l'égard des Tibétains n'excitent que les princes de Pékin. Sur place la situation est "pacifiée" (c'est le mot que l'on employait pour une certaine guerre d'Algérie).

De l'avion j'avais pu voir les montagnes, la sécheresse de l'hiver est passée par là. L'Everest est ganté de rochers, la neige semble effacée de toute vallée.

Lhassa a encore changé, depuis deux ans. On y refait des rues ; on longe ces bâtiments incongrus aux vitres bleues et aux façades carrelées de blanc. Quel architecte fou a pu concevoir ces immeubles qui ressemblent à des chambres frigorifiques ? Le vieux Lhassa est à l'heure d'Internet. Dans les cyber-cafés qui dominent le Barkhor, des jeunes (Chinois, Tibétains ?) pianotent, un verre de coca posé sur la console. À l'intérieur des innombrables bordels, des filles nous appellent, on croise des élégantes plus nombreuses que les moines. Près du Jokhang, le cœur-temple, trois hommes, un peu hébétés, marchent en exécutant la grande prosternation. Ils mendient entre deux génuflexions. Un policier les écarte. Ils ont l'air perdu, leurs mains habillées de palets de fer, pour mieux se jeter à plat ventre. Ce sont eux les vrais étrangers du Tibet. Je ne sais ce qui nous a pris mais on est allé chez les "filles" boire un café. Elles nous ont servi pour une fortune un curieux breuvage, immonde et sucré, était-ce le seul prix de la boisson ? Sur l'immense place du Potala, une grande effigie de Mickey trône en devanture d'un karaoké. Sommes-nous bien certains que ce sont les Chinois qui ont envahi le Tibet ? Ne serait-ce pas plutôt le monde des 4x4, du Coca-Cola, qui tient là boutique et assure sa suprématie plus forte que toute idéologie ?

La chambre de l'*Himalayan Hotel* est crasseuse, la présentatrice du journal télévisé chinois est semblable à celle de nos chaînes. Elle annonce de grands chantiers, présente des hommes d'affaires entre deux pubs pour des déodorants. Le Tibet secret vit au grand jour. Au grand jour des marchands.

Le mercredi 28 avril, je suis allé avec Florent et Philippe visiter le Potala. Une visite de courtoisie. Notre guide me prend par la main sur les toits, il veut parler de politique, il n'aime pas les Chinois, il espère le retour du Dalaï-Lama. Je lui réponds prudemment. Est-il sincère ? Tout à l'heure il a fait ses dévotions devant le Bouddha de la compassion, Avalokiteshvara. Tenzi (c'est son nom) va nous accompagner au "Naymona Ni". Au Tibet officiel, la montagne est ainsi dénommée. Sur mon cahier je ne cesse d'établir des plannings d'ascension. Je veux en finir, vite. Que les jours soient cernés sur mes pages. Que tout soit programmé. Je reprends dix fois les scénarios : camp I, camp II, sommet. Je rajoute des jours de mauvais temps. J'entends Jean-Marc citer André Breton : « Indépendamment de ce qui arrive ou n'arrive pas, ce qui est extraordinaire c'est l'attente. »

C'est à deux jours de Jeep que nous retrouvons notre équipe de sherpas. Passang, un sherpa d'altitude (notre sixième alpiniste), Mingma le sirdar qui devra s'occuper du camp de base et Kumar le cuisinier. Je ne les connais pas, ils viennent tous trois d'un village près du Makalu. Ce ne sont pas des novices du Tibet. En attendant, la litanie des lieux s'égrène : Gyantse, puis Shigatse. Nous roulons vers l'ouest. Vers un autre Tibet. Le Tibet décharné des cités mortes, le Tibet vide, le Tibet que des nomades, sans autres biens que des tentes, des yacks et des chevaux, ont fait leur depuis des millénaires. Le Tibet du thé salé, plus fort que Coca-Cola. À Gyantse je me rends dans la chapelle des dieux tutélaires d'un temple près du Khumbum. Dans la nuit de la petite pièce je regarde sur le mur un étrange personnage empalé, la suie des lampes a terni les couleurs. Le rouge du sang, maculé de beurre, donne une réalité violente à la scène. Les bouddhistes ont aussi leurs enfers, et l'enfer c'est toujours le corps brisé, battu, déchiré. La violence du monde.

Shigatsé est la dernière grande ville aux portes du désert. L'hôtel qui nous accueille est une oasis un peu stupide. Dans le grand hall d'entrée, il se vend la bimbeloterie tibétaine, mais aussi des pilules de Viagra et des bombes d'oxygène japonaises pour pallier quelques minutes à l'air pauvre. La jeep nous a cassés. Des masseuses, violentes comme des tigresses, nous réparent le dos moyennant 100 yuans et pas mal de fou rire devant nos torses poilus.

Bien sûr, j'ai mal à la tête, bien sûr je prends déjà des antibiotiques parce que ma gorge s'engorge. Je surveille chacun avec des airs de mère maquerelle. Il est hors de question de tomber malade. Je sens pourtant que certains se taisent. Le premier mai, jour du muguet, nous avons quitté la cité du Tashilumpo. J'ai craqué pour un tapis à damier rouge et orange, un autre de mes rituels, à poser dans ma tente du camp de base. De la route jusqu'à New Tongba, je ne me souviens pas. Longer un fleuve, franchir un gué, attendre le camion qui nous suit avec le matériel et respirer la poussière du véhicule qui précède et monter sur le haut plateau, à plus de 4000 mètres. Je suis malade, Jean-Marc est malade. J'ai du mal à me concentrer. La route n'en finit pas, elle s'égare dans des sables. Notre officier de liaison est un jeune Chinois, casquette à l'envers, et joues couperosées. J'ai de la sympathie pour lui, il s'exprime peu, il sourit, il mâche des cailloux de fromage, il ne sait pas très bien où nous allons dormir ce soir. Sur la carte, il existe un village "Old Tongba". Quelle étrangeté. Tout est détruit, en cours de destruction. Une pauvre barrière de "checkpost" nous oblige à stopper. Les chauffeurs fébriles présentent des papiers à des militaires en costume poussiéreux et défraîchis. Les maisons sont ensablées, peut-être est-ce la raison du sinistre ? Mister Mao Mao (l'O.L.) ne sait pas pourquoi “ils” ont déplacé la ville. Le nouveau Tongba est à 40 kilomètres de là (une heure et demie). On nous dit que c'est une cité administrative, celle de la grande région du Ngari. À la nuit, nous débarquons effectivement dans une bourgade aux maisons de béton, alignées, laides et jumelles. Deux énormes paraboles en voie de désintégration (elles doivent servir d'abri pour les toilettes) trônent devant une sorte de caserne ; personne dans les rues, seuls quelques enfants curieux nous emmènent là où se vend du coca, de la bière. Notre home est ce soir une pièce vide, maculée de traînées de suie, et puante. Les sherpas s'activent à la cuisine, il est onze heures du soir au Tibet, à 4 200 m, et nous mangeons, notre assiette éclairée par une frontale. Je m'endors en songeant au Brahmapoutre, j'ai dans la tête des images de ces oies au plumage orangé ramant à contre-courant, ma montre est restée à l'heure de France, ça ne facilite pas le sommeil, si l'un de nous parle, j'entends déjà qu'il gravit la montagne. Le 3 mai, nous roulons vers Hor, un village proche du lac Manasarovar. Les antibiotiques tournent dans le petit groupe. Je me vide jusqu'au sang. La fièvre me donne des délires : « Qu'est-ce que je fous ici, dans cette jeep, incapable de me contenter du plus beau paysage du monde ? » Le chauffeur se découvre quand on passe un col, avec lui nous poussons tous le cri de guerre ou de paix : “La Gyalo, so, so” et à l'approche du Kailas planqué dans ses brumes, j'entends Tenzi, sa casquette à la main murmurer le mantra de Pema Shambava. Je répète sa litanie, des fois que ça agisse sur l'intestin... Sur notre gauche, le défilé des montagnes du Népal. On reconnaît le Dhaulagiri, l'Annapurna ; comment ne pas penser se faire poser là, en plein vide, et marcher vers le Népal, et rejoindre la verdure, la forêt ? Depuis des heures que nous roulons nous n'avons aperçu que quelques yacks, un loup timide, des troupeaux d'hémiones aux aguets, prêtes à fuir, et le vent qui soulève des diables de poussières. Parfois, la route s'égare, des ponts jamais terminés franchissent des rivières qui entaillent le sol à la saison de la pluie. Quand serontelles hautes et puissantes ? À notre retour ? Le village de Hor est cette fois purement tibétain. Sur la place, un empilement de pierres sculptées et un enchevêtrement de cornes de yacks. Il fait sombre et froid. Des Tibétains vêtus d'une chemise déchirée nous saluent. Qui sommes-nous ? Des pèlerins du Kailas ? Je montre Naymona Ni, je fais le geste de grimper avec mes deux doigts, ils rient. C'est risible. Il n'y a guère que nous qui éprouvons ce désir de sommet. Eux, ils tournent autour, incapables de concevoir cette idée d'atteindre la cime. Quelques siècles plus tôt, Milarepa le saint a défié le magicien Naro Bon Chuk, l'enjeu : le sommet du Kailas. Milarepa s'est hissé le premier sur un rayon de soleil. C'est le seul alpiniste tibétain dont je sache la conquête. Depuis, le dôme blanc reste secret et serein. Aurons-nous ces rayons de soleil, nous qui montons chercher notre or sur la montagne d'en face ? Aujourd'hui, mardi 4 mai, est un grand jour, à quelques heures de là, les jeeps vont nous quitter. Nous serons à pied d'œuvre, rien que nous ; égoïstement nous. J'attends ce moment avec impatience. Je sais combien il est déterminant. Voir les jeeps et le camion s'éloigner. Constater l'indifférence avec laquelle nous pouvons nous couper du monde. L'apprécier. Pour l'instant, nous traversons la bande de terre qui sépare les deux lacs. À gauche, le Manasarovar (Mapham Tso), lumineux et puissant, à droite le Rakiastal, plus sombre, dessiné comme un croissant de lune, semé de quelques îlots de pierre.

Des eaux bleues, des vaguelettes, des caps et des baies, des coquillages blanchis de craie sur les rives, l'éclat vif des poissons argentés. J'ai retrouvé la santé. La petite statue de bronze de Milarepa me sourit, j'écoute les chants du saint, je l'entends précisément me rappeler que les choses sont et ne sont plus. L'impermanence. Ce paysage que je retrouve n'est pas plus éternel que moi. L'accord que nous avons, en revanche ! Le Gurla nous domine. Cette fois. Cette fois, nous sommes présents, fidèles au rendez-vous, tout comme lui. Il est là, posé sur l'horizon, immense, protecteur, semblant veiller sur ses ouailles. Le Kailas, à l'autre bout, reste effacé, voilé. Où aller ? Les voitures hésitent, se garent au bord de la route. Mister Mao Mao me déclare : « It's the way ! » Je négocie. On peut monter un peu plus haut, vers les collines, près des taches de neige. C'est enfin là. Le bout du chemin, et le début de l'autre, le vrai, à 4 800 mètres, comme au mont Blanc. Et rien que des pierres jaunes et des buissons ras et secs. Rien que le vent et le vrai silence. Poser les tentes, retrouver le goût de marcher, de cligner les yeux au soleil, d'être face à face avec la montagne. Je voudrais me défendre du bonheur, et je suis là, béat, puéril comme un gosse qui vient de déchirer le papier cadeau d'un jouet de Noël. Belle cette montagne ? Pas seulement. Cette fois, je ne la partage pas. Nous sommes à des centaines de kilomètres de Lhassa. La frontière indienne quelque part derrière les neiges, la frontière népalaise d'où j'étais arrivé, cinq ans avant, s'enfonce vers le sud. Nous sommes chez nous. Huit hommes, impatients déjà de toucher la neige, de se surprendre au sommet. Huit hommes qui jouent à planter les tentes, faire bouillir de l'eau, et plonger dans d'interminables discussions qui mènent toutes à ce point inconnu : là-haut. Nous avons deux nuits, dans cette campagne vide, avant que les yacks ne nous rejoignent pour atteindre le vrai camp de base. Le temps est clair, la vie est belle. Nous avons monté la grande yourte "North Face" et nous dormons tous à l'intérieur. Il n'y a plus rien à faire, juste laisser le flot d'altitude bousculer notre sang, nous changer, juste attendre la mutation. Ne rien faire est l'urgence. Réapprendre à s'étendre en plein après-midi, à l'abri de la chaleur, griffonner quelques lignes sur un cahier et tester notre e-mail pour dire à des enfants, loin de nous, ce refrain éternel de la beauté des mondes. Cela fait quinze jours que nous avons quitté la France, la guerre du Kosovo, nous en parlons. Les mots ont du poids, et puis d'un coup une légèreté absolue. Rien ne compte, pas même que ce que nous vivons. Ce camp, le reverrons-nous ? Il ne faut pas répondre. Il faut se plonger dans les bidons, les sacs, s'attacher au matériel, chercher ce qui manque. Les yacks sont arrivés, avec trois nomades, dont l'un possède un vélo ! Ils découvrent nos skis, le surf de Florent, ils éclatent de rire. Ils essaient sur un névé. C'est une belle journée ce jeudi de départ vers le haut. Ni vent, ni nuage. Comme ce serait bon tout là-haut, au sommet. Ce genre de météo, nous l'appelons "un summit day".

J'ai passé la soirée à échafauder un nouveau plan d'ascension. Si tout va bien, on sera au sommet le 17 ou le 18, et on pourra fuir. Si tout va bien. Personne ne veut douter, même notre chauffeur tibétain m'a glissé à l'oreille : « You will success. » Côté yacks, l'affaire n'est pas simple, il faut abandonner du matériel, on est trop lourd. Et la marche commence. Des collines de pierres, des ruisseaux gelés. Nous nous enfonçons dans la montagne, chacun prend sa route, chacun son rythme. Ce n'est pas une colonne qui avance. Rien que des gens dispersés qui se rejoignent de temps à autre ou s'attendent à l'abri d'un rocher. Je sais que le camp de base est là, derrière le virage de cette moraine. Lorsque le glacier apparaît, la vue est miraculeuse. Notre place semble être là, depuis toujours. Face aux pénitents, un petit lac gelé, un chorten dévasté couvert de drapeaux de prière en lambeaux. Sur le sol des emplacements de tente, nous aurons besoin de peu de terrassement. L'altimètre affiche 5 645 m. Les trois nomades ont déchargé les yacks, se sont fait chauffer du thé, et les voilà repartis, en sifflant, de grands signes de main en guise d'au revoir. Nous avons choisi notre lieu, j'ai placé ma tente, l'entrée vers l'Est. « Orientée comme une église », me dit Bruno. Les maux de têtes ont repris, ils font partie du jeu, aucun de nous ne s'y attarde. Action. Ce matin, encore un summit day, et nous avons prié. On ne plaisante pas avec les Dieux. Pas ici. J'ai tendu les drapeaux de prière, les chevaux du vent, avec Passang, redressé l'autel ; nous voilà réunis. Mingma récite les mantras, distribue les offrandes. On a déposé sur les pierres du chorten nos cordes, des piolets, des crampons, des barres de chocolat, et chacun se voit enfariné sur le front par l'officiant sherpa. Aucun d'entre nous ne pratique de religion, et tous ce jour-là, nous accomplissons les gestes de dévotion. Qui nous rend ainsi ? Ce fleuve de glace, là devant nous, où nous allons monter ? La peur d'échouer ? Celle de réussir ? Vers 17 heures, dans notre tente-mess où nous vivons la plupart du temps, nous lisons chacun notre tour des messages qui arrivent sur l'ordinateur. Ça tient du fantastique, et ça ne l'est pas. Je ne cesse d'être partagé entre le plaisir de lire des nouvelles, d'en envoyer, et l'angoisse à laquelle renvoie l'appareil une fois éteint. Quelle difficulté à raconter le quotidien, l'ascension, au jour le jour. À chaque vacation téléphonique, c'est comme une parenthèse qui s'éclaire, on ferme les yeux sur un monde, et quand on les ouvre, on le perd instantanément. Là-bas, en France, des gens nous disent qu'ils travaillent, qu'ils s'amusent, qu'ils nous aiment. Nous, nous cherchons des inspirations géniales. Et nous retombons sur nos silences, nos pauvres mots pour décrire l'indicible beauté des pierres et des glaces. Je veux respecter à la lettre mes plans. Demain, nous irons au camp I, et demain, nous y sommes effectivement allés. Une première vague, avec Passang, Bruno et Florent. On a le choix entre un éboulis de pierre, ou le glacier à la glace bleutée, aussi dure qu'un diamant. Ça avance tout seul. La machine à himalayer retrouve ses marques. Ça paraît facile, presque trop simple. Je m'inquiète des séracs hauts comme des églises, la trace devrait s'en éloigner, elle s'en éloigne. Au premier ressaut plat, Passang déniche de petits bambous fichés sur la roche. Probablement l'ancien camp I des Japonais de 1996. On récolte une paire de surbottes, une bouteille de whisky vide, quelques pieux à neige. Un grand couloir barre l'accès à un plateau supérieur. Passang me tend la corde. J'ai envie d'aller plus haut. Je monte, trouve un piton, le replante. C'est fatiguant mais je veux comprendre la suite. Et me voilà dans une vallée étroite entre rochers et séracs, à l'endroit idéal. Si j'avance de 50 mètres, au bord de l'arête, je découvre un vide étonnant, d'autres glaciers, je peux contempler les lacs, le Kailas. J'en pleure. Vite, redescendre. On cale le matériel, à l'abri des rochers, et on file vers le bas annoncer la bonne nouvelle : un super camp à 6 300 mètres, et j'ai vu la suite de l'itinéraire, rien d'angoissant, rien de difficile. Ce soir je suis crevé, et optimiste. Mon cahier-oracle a prévu deux jours de repos. Le temps pour Philippe et Jean-Marc d'atteindre à leur tour le bel espace. Au repas, accroupis sur le tapis de sol, il n'est plus question que de cela : le sommet. Engoncés dans nos duvets, on tire des plans sur la comète. J'évoque le retour, et j'acquiesce : « Oui Bruno, tu as raison, je sais que la route du retour passe par le sommet. » Au fond, je m'en fiche, je veux juste finir, juste être vivant. Ce soir, je m'évade à Clermont-Ferrand, dans un magasin de lingerie féminine. Ce soir, je n'ai pas du tout envie d'avoir froid. Je lis un polar *Baby Blues*, à la lueur de deux bougies. J'écoute la montagne, quelques pierres qui s'évadent bruyamment du haut des pentes. J'entends tousser, rêver. Je sais que Bruno dort peu, parfois, je crie d'une tente à l'autre : « Je pense que ça va être bon. » Je m'entends répondre : « Demain est un autre jour. » Les lendemains qui chantent sont venus, l'un après l'autre comme il se doit, laissant se succéder des summit days et d'autres jours plus ternes, quand la neige venait envahir le paysage et nous rappeler qu'ici est son royaume, qu'il ne peut régner de méprise. Les hommes proposent, la montagne dispose. À cette heure nous avons institué le cercle du poker. Nous misions avec des cailloux (11 précisément) et des allumettes (7). L'enjeu final était un repas au *Yack'n Yeti* à Katmandou. Ce tout petit intermède nous faisait saliver sur la seule chose dont nous nous sentions frustrés : la bouffe. Non pas que Kumar, le cuisinier au grand sourire, n'ait pas accompli des exploits culinaires. Mais c'est la manière des hommes de se rattacher à l'origine, à leur mère peut-être : la bouffe. À quoi rêvent les fils, les fils de la terre ? Le mardi 11 mai nous sommes partis vers le camp I pour y dormir. Ce fut de ces nuits trop hautes où l'on sait pertinemment que l'on paye en nature le prix de l'altitude. Guru Rimpoche, le soir même, nous avait réservé un feu d'artifice. Son ciel était embrasé, et les rivières luisaient dans l'ombre comme des couloirs d'argent, puis la neige est venue, souple, paisible, de quoi nous engloutir dans la nuit, presque sereins, reposés. Nous étions trois par tentes, serrés, les réchauds ronronnaient, les soupes étaient presque bonnes. Ce sont des nuits de sommeil frêle, où chacun croit s'endormir et passe son temps à imaginer. L'enfance passe et repasse, comme un rêve que l'on commanderait. Si on traîne trop de ce côté de la mémoire, il vient des émotions fortes, des larmes parfois, le cortège des regrets. On attend. On attend le jour qui délivre, la lumière qui fera céder toute ombre, toute tristesse. On écoute son propre souffle, le souffle des autres, on risque une parole "tu dors ?", on est un peu comme ces amants épuisés d'amour, qui n'osent se quitter de peur de rompre le charme "tu dors ? – Non et toi ?". Dialogues qui n'en sont pas et mots de la nuit qui viennent rassurer celui qui les prononce, celui qui les reçoit. « Good weather Bara Saab. » Passang a entrouvert la tente, le ciel est dégagé ; on se prépare comme dans les Alpes, comme si on allait au pied d'une montagne. Encordés par trois, nous allons vers notre futur camp II. Le paysage est un territoire de grandes combes, de murs de glace. La neige de la nuit n'a pu tenir, soufflée par le vent, elle n'a laissé qu'une pellicule de cristaux qui circulent sur le sol comme un film de brume. Je crois que ni les uns ni les autres n'avions vu de glace aussi dure, le sol ressemble à un immense parquet de verre, les veines des crevasses sont bouchées de neige, et nous avons cette chance incroyable de ne pas savoir où nous allons. Notre seul indice fut une vieille corde fixe qui volait en plein vent. Il faut donc choisir : la pente à gauche le long des rochers, le plateau crevassé à droite... laisser faire l'intuition, être pionnier... À 6 800 m, je jette l'éponge, on est à peu près tous passés dans une crevasse. On est tendus, énervés, un peu fatigués et de longs plats ont entamé notre moral. Alors pourquoi pas ? Ce petit plateau sympathique, à l'abri de tout danger ? On se décharge des tentes, du gaz, des pieux à neige. On fixe tout ça au sol, et je calcule qu'il ne restera "que" 1 000 mètres de dénivelés pour l'assaut final. Je ne veux pas de camp III ; un camp supplémentaire ça signifie des jours et des nuits ajoutés. J'ai appris en dix ans d'Himalaya que moins on passe de temps là-haut, mieux on se porte. Le soir même, nous redescendons au camp de base, signalant au passage les crevasses les plus dangereuses en plantant des petits piquets de bambou où flotte un ruban rouge. En descendant je ne peux que penser à la prochaine fois. Quand nous reprendrons ces pentes, ce sera pour aller au sommet, il le faut... Pour l'instant, ce programme est respecté à la lettre. Guru Rimpoche doit nous accorder trois petites journées pour le sommet, s'il m'en donne deux ce sera un bel effort. Nous allons partir le samedi 15 mai. Trois jours à tuer avant le départ. Trois jours à regarder fébrilement le ciel. Trois jours de météo médiocre. On épuise toutes les conversations possibles : cinéma, philosophie, politique. On soigne nos visages brûlés par le froid et le soleil. Je me regarde sur un petit miroir, j'ai l'impression de voir Elephant Man. Sur l'ordinateur, à l'heure des messages, chacun se bouscule pour envoyer ses bonjours. Dans l'attente, la tension est forte, la neige qui tombe a un avantage, on se dit que ce qui est tombé ne tombera plus ! Le 15 est venu... ou plutôt, nous en sommes venus à bout. Chacun a quitté sa tente, se disant qu'au moment où il la retrouverait ce serait peut-être avec le sommet en poche. C'est à la fois une idée proche, une idée folle, une idée raisonnable, impossible, mesurée. Nous avons trois jours pour nous battre, contre tout ce qui nous retient en bas. Trois jours. Les nuages nous ont accompagnés en soirée jusqu'au camp I… J'ai vu Jean-Marc souffrir, se hisser avec lenteur, il ne s'est pas guéri. Je sais qu'il sera difficile pour lui d'aller au sommet demain. Et nous ? Au camp I, on retrouve nos tentes, la glace à l'intérieur, le vent a fait son œuvre, immisçant la neige par le plus petit interstice. Le lendemain, le temps est plus clément, du vent vif qui vient de l'ouest, un froid perçant qui l'accompagne. On part tôt, Passang est convaincu qu'il faut profiter de l'après-midi pour aller faire la trace au-delà du camp II si nous voulons grimper en pleine nuit. Je suis sur les nerfs ; combien de fois suis-je parti vers le sommet et tout se casse la gueule : la météo, les bonhommes ? Au camp II, les tentes installées, le temps de boire et c'est reparti, aller le plus haut possible pour que cette nuit ce soit facile. Je regarde la montre, je compte les heures, Passang ne cesse de me dire "a little more". L'altitude donne 7 000 mètres… Ça ira pour aujourd'hui… Retour au camp II. La nuit vient, les étoiles brillent, tout au fond vers l'horizon où pointe le Kailas, je vois une barre noire. C'est sûr, c'est le mauvais temps. La tente est étroite pour trois. La toile gelée s'écrase contre mon visage, j'étouffe. La frontale vissée sur la tête, je me lève, j'ouvre la toile et je regarde le ciel « mauvais, c'est mauvais… ». Je rentre dans la tente, je peste dans mon duvet. Personne ne dort ; c'est l'obsession de la course contre la montre. Tout mouvement entraîne une cascade de givre. À minuit, un petit vent agressif secoue la toile : « Foutu, c'est foutu. » Florent crie depuis l'autre habitacle : « Tu te trompes, il fait beau. » Son optimisme m'enrage ; c'est pas possible qu'il fasse beau, pourquoi aurais-je de la chance aujourd'hui, pourquoi… ? Je dis à Philippe : « Ils sont tellement motivés qu'ils ne voient pas le mauvais temps arriver. » On compte les heures, les minutes, il faut arriver à une heure du matin pour préparer l'eau et partir une heure plus tard. Tous les doutes reviennent : « On est trop bas, j'aurais dû poser un camp III, et si on rejoignait Jean Marc au camp I ? » À une heure pile, dans notre glacière, je balance cette phrase historique : « On va droit au plantage. » Je dis et agis à l'inverse ; l'eau bout, engoncé dans le duvet, je me prépare comme si. En finir aujourd'hui ou jamais. J'éprouve une sorte de fureur. Passang est malade, il me demande de l'aspirine, il me dit qu'il attend un peu à l'abri et qu'il nous rejoindra. Jean-Marc, au camp I, sa radio éteinte, j'aimerais pourtant lui parler. Dehors, la nuit scintille et c'est vrai, il fait beau. Le vent n'est qu'une brise de pente. Qui peut nous arrêter ? En attendant Passang, je pars seul. J'ai besoin d'être seul, mes trois mousquetaires suivent. Cette crevasse, ce pont de neige, je les ai bien passés hier ? La neige casse, je glisse, j'écarte les bras, sous mes pieds, le vide : « Bruno, sors-moi de là. » Il agrippe mon bras, c'est pas l'heure. Marcher de nouveau, loin derrière j'aperçois le petit lumignon orange de Passang. Je suis rassuré. On sera cinq pour la joie. Le froid tente son coup de bluff. Un vrai gros froid, qui vient lécher les os, briser les mains et les pieds. Ce n'est qu'une rebuffade, aux premiers rayons de soleil, il va perdre à tout jamais. Passang nous a rejoints, je me suis réencordé. Nous ne sommes ni lents, ni rapides. Nos traces de la veille sont dépassées. Maintenant l'inconnu, de gros séracs en forme de pyramides sont nos repères, l'accès est là, exactement dans cette zone. L'œil vif de Passang distingue à la lueur de l'aube, un fanion, fiché dans la glace. Bon signe ! Plus l'heure passe, plus l'altitude augmente, plus le désir grandit. Cette fois, le feu est là, rouge, puissant, j'aperçois le plateau sommital, l'arête ouest et cette butte plus haute sur le fil : le sommet. Il nous faut traverser une vallée de neige, remonter une grande pente grise, aller buter sur un mur rocheux, le franchir et s'envoler dans les corniches. C'est là. Je me retourne, quel vertige : les lacs de turquoise, les brouillards légers, et mes compagnons. Florent porte son snowboard; je le plains au fond de moi, la descente ne sera pas une partie de plaisir. Mais où est le plaisir? C'est une force en moi, c'est penser à tous les amis d'hier qui attendent quelque part dans la neige, les saluer? Tout pourrait être résolu, achevé. Il suffirait de s'asseoir, de somnoler, et entrer à son tour dans le grand silence. La pente est forte, je dois faire des lacets; une grande traversée en glace mène à la rimaye, juste avant la barre rocheuse de l'arête ouest : « Tu veux y aller, Passang? – I take rest, take care Bara Saab. » J'ai attaché mes cordes fixes et nos vraies cordes, et me voilà dans les rochers, une toute petite goulotte de glace devant moi, peut-être 15 mètres et je prendrai pied sur l'arête. Bientôt l'autre côté, le versant de la joie. Je n'ai qu'un piolet, de l'autre main je m'agrippe au rocher, mon crampon droit se détache. J'ai vraiment peur. Je le remets sans oser respirer, encore un pas, un grand pas. C'est fait. J'ai accédé à la rive qui sépare les deux mondes, je ne sais rien reconnaître du paysage de l'envers. J'imagine la Nanda Devi et là-bas, au fond, l'Inde et ses jungles. L'arête est toute fine, côté est, c'est un mur vertigineux qui plonge sur plus de mille mètres. Le sommet est droit devant. J'appelle les copains. Philippe m'engueule : « T'es pas au sommet, tu y arriveras jamais, tu fais chier! Tu t'arrêtes trop tôt. » Ses cris me font rire, je lui montre l'arête, et je me balance sur les gendarmes de rochers et de neige; des pierres tombent sous mes pieds, mais rien, aucune force ne pourrait me briser (tu parles!). Et puis c'est là. Un lambeau de neige. Je danse, je suis fou. J'en ai fini. Passang doit me croire fou, il hurle « Take care » et Bruno répond : « Jean-Mi, souviens-toi du ressaut Hillary. » Je suis debout, debout sur mon sommet, notre sommet, je m'étais promis de penser, je ne pense pas. Je cueille des pierres. J'embrasse mes potes. Du bon travail, on a fait du bon travail. Passang me sourit, me tend le jumar pourri que j'avais voulu lui changer et me dit : « Eighteen, it's a lucky jumar ! » C'était son dix-huitième sommet avec sa vieille poignée. Autour de nous le désert, la forêt des montagnes. Il est 10 h 48, cela fait 9 heures que nous grimpons. Tout est fini. Je lis 7735 mètres sur mon altimètre. J'ai laissé le petit groupe et Florent pour sa descente en snowboard ; je voulais vite rejoindre Jean-Marc au camp I et vite descendre au camp de base et vite, très vite partir en France. J'avais le sommet, très bien, mais qu'en faire ? Kumar m'attendait près des tentes, j'ai levé le pouce, il a couru vers moi, avec sa gourde de thé. J'ai bu un litre, puis deux. Sa joie, bien supérieure à la mienne. Puis j'ai pris le téléphone et j'ai dit : « C'est gagné, je suis vivant ! » Et je me suis senti vide, perdu, et bouillant d'un drôle de bonheur. J'ai touché les pierres dans mon sac à dos. Je les ai reniflées pour l'odeur de l'altitude. Bruno, Philippe, Florent, Passang sont arrivés. Première ascension française, première descente en snowboard ! Avec qui partager ? Les e-mails pleuvent, mais ça ne suffit pas. On s'est raconté dix fois le sommet. On répète les mots dits là-haut. On rejoue la scène. Elle est si loin désormais. Nous avons trinqué avec du baume de Venise dans nos quarts en alu, ça sentait la ferraille. J'ai songé pendant quelques heures qu'on était très fort. J'ai pensé plus tard qu'on avait de la chance. Je pense aujourd'hui que c'est un privilège. « Il n'y a pas d'or au sommet des montagnes. » Je martèle cette phrase. J'ai pourtant cherché, et trouvé quelque chose ; c'est là. Indicible. Le rayon de soleil. Le rayon de Milarepa. Le silence. Et les mots pour le dire.

Mister Mao Mao fut redoutablement efficace. Les chauffeurs chinois que nous avions surnommés "gros cake" et "petit cake" nous conduisirent en cinq jours à la frontière. Au passage, nous avons bien sûr accédé au Kailas. Darchen au pied de la montagne ressemblait à une fête foraine. Les pèlerins préparaient la grande procession de la pleine lune du 31 mai (La Saga Dawa). Pour nous, c'était l'ivresse après la profondeur. Le retour des bières fraîches et les discussions avec les premiers touristes. Un Hollandais squattait notre camion moyennant quelques dollars au chauffeur. Nous avions retrouvé le confort des lodges, la douceur d'être "en bas" (relatif : le plateau oscille entre 4 800 et 4 500 m...). Des pèlerins indiens nous croisaient sur la route prêts à échanger du Diamox contre des bonbons au curry. Au bord du Brahmapoutre, le spectacle étrange de deux Indiennes en sari, et veste duvet, visiblement éprouvées. L'homme qui les accompagne bricole le moteur de sa jeep. Ils sont en panne, à 400 kilomètres du premier garage ! Un chauffeur me montre du doigt ces deux passagères : « It's a problem, sir, this two fat ladies are sick. » Je compatis, offre un reste de tube d'aspirine. Les deux Indiennes "grassouillettes" et d'un âge certain me sourient. Quel pouvoir ce Kailas ! Quel pouvoir ! Il tire vers ses flancs des gens dépassés, dès la frontière, par l'altitude ; ces non-alpinistes vivent une aventure plus folle que la nôtre. Voir le Kailas et mourir... Je suis admiratif. Et je ne suis plus seul. Eux aussi vont chercher leur or, à n'importe quel prix. Notre voiture s'éloigne, les deux femmes assises dans la poussière se masquent le visage. Demain ce sera Katmandou, la chaleur moite, et puis la France, Roissy et les embouteillages. La vie. La vraie. Sur une étagère dans la maison, une pierre du sommet. Quand je l'approche, je retrouve l'image de sa cueillette et j'ouvre grand mon cœur aux chants de Milarepa : « Dans les grands déserts de pierre des montagnes, il existe un négoce étrange, on peut troquer le tourbillon de sa vie contre l'infinie paix de l'âme. » Peut-être Milarepa ne l'a-t-il jamais écrit ? Peut-être est-ce cela l'or de la montagne…

Table des matières

Impression réalisée sur CAMERON par
BRODARD ET TAUPIN
La Flèche

pour le compte des Éditions GLÉNAT
en février 2000

Imprimé en France
Dépôt légal : février 2000
N° d'impression : 957
ISBN : 2-7234-3184-3